実践に生かす
障害児保育・特別支援教育

前田泰弘 編著
MAEDA Yasuhiro

*

立元 真
TATSUMOTO Shin

中井 靖
NAKAI Yasushi

小笠原明子
OGASAWARA Akiko

*

萌文書林

はじめに

　文部科学省による近年の調査では、知的発達に大きな遅れがないものの学校の授業についていけない、授業中の立ち歩きや私語などが止められず落ち着いた学校生活を送れないといった小中学生が約8.8%いると示されています（詳細はp.88）。このような子どもの多くは、保育所や幼稚園などでも同様の過ごし方をしており、保育者もその対応を模索しているという現状があります。

　このような、「そうせざるを得ず」におこなってしまう行動に対して注意を受け、集団生活に適応できずに困っているのは子ども自身です。また、このような子どもだけでなく、いわゆる障害のある子どもが示す行動は、もてる力を精一杯出して周囲のものや人とかかわろうとしている結果なので、保育者はその意欲を十分にくみとることが重要です。

　「障害児保育」「特別支援教育」というと、何か特別なもののように聞こえるかもしれません。しかし、障害児保育・特別支援教育の現場で保育者に求められるのは、子どもがそれぞれもっている個性に応じて援助を考えることであり、子どもの意欲を大切にしながら、子どもが十分に力を発揮し、より好ましいかたちで周囲とかかわれるように援助をしていくことです。つまり、読者の皆さんがこれまでに学んできた保育の知識や技法を十分に活用して保育実践をおこなうことだといえます。皆さんには、子ども一人ひとりが自分らしい豊かな生活を送れるよう、子どもの状態や家族の思いを把握し、望ましい援助をおこなえるようになっていただきたいと思います。

　本書は、このような考えをもとに構成しました。執筆者は皆、保育の現場における障害のある子どもへの援助経験を豊富にもっています。また、読者の皆さんが障害のある子どもの保育場面を想像しやすいように、実際の事例をもとにしたエピソードを各章に掲載しています。それらのエピソードに沿って、基本的な知識を身につけられるように解説をし、保育実践に生かせる内容を豊富に掲載しました。

　また、近年の保育では、障害のある子どもに加えて、貧困状態にある子どもや外国にルーツをもつ子どもなど特別な支援ニーズへの対応が求められています。

さらに、障害の重い子どもやことばの育ちのなかで多様な困難さを示す子どもへの支援も求められています。そこで、2016年に刊行した『実践に生かす障害児保育』にこれらの子どもへの支援等の内容を加え、『実践に生かす障害児保育・特別支援教育』として再編成しました。

ただし、実際の現場で出会う事例の多様さからすれば、本書で紹介する子どものエピソードはほんの一例に過ぎません。障害の有無に限らず、子どもはそれぞれ異なる個性をもっています。本書で得た知識や技法をもとに、保育実習や教育実習、さらには保育者として現場で出会う子どもがより豊かに過ごせるよう、常に自身の保育を省察し、次の実践へとつなげてください。

実践に生かせる内容を多く盛り込んでいるという点で、本書は、皆さんが保育者として現場に立ってからも繰り返し読んでいただける一冊であると確信しています。本書を手にとってくださった皆さんが、理論や知識をしっかりと身につけ、子どもたちの豊かな生活を実現するための保育を実践できるすてきな保育者になることを心より期待しています。

最後に、本書の編集にあたり、とかく遅筆になりがちな私どもを励ましてくださり、かつ思いが最大限に読者の皆さんに伝わるようご尽力いただいた、萌文書林の松本佳代さんに心より感謝いたします。

前田泰弘

「障害」の表記について ―――――――――――――――――――――

障害の表記は、「障害」「障がい」「障碍」などがありますが、本書では「障害」に統一しています。これまで、「障害」という表記には、当事者が社会の害であるようなイメージを与えるので、社会とのかかわりが「妨げ」られるという意味の「碍」を用いたり、ひらがなで「がい」と表記するといった議論がありました。

これについて、本書p.15では、障害とは、発達上の問題のために日常生活に永続的な困難が生じる可能性があることだと説明をしています。これは、視覚障害や聴覚障害のように、当事者がもつ何らかの機能的・器質的な問題により、社会活動への参加が制約（参加制約）されたり、社会への参加が妨げられる（社会的不利）ということです。つまり、障害のある当事者が「妨げ」になっているのではなく、社会にある障壁こそが当事者の社会活動や参加を妨げる障害になっているのです。このことから、本書における「障害」という表記には、当事者が「害」であるという意図は全く含んでいません。

また、関連する法令でも現行では「障害」の表記が使用されていることから、本書では「障害」の表記を採用しました。

第IV部　家庭および関係機関との連携

＊本文中の「園」は、基本的に保育所・幼稚園・認定こども園を総称する意味で用いています。

第I部 障害児保育・特別支援教育を支える理念

第I部では、保育者をめざす皆さんが障害児保育・特別支援教育を学ぶ意義と理念について考えていきます。障害のとらえ方や、障害児受け入れの考え方の変遷、保育における発達評価の大切さ、実践がおこなわれる場などについて学びます。

第1章 障害児保育・特別支援教育とは

▶ *Episode 1-1* ◀ どうして障害児保育を勉強しないといけないの？

　A大学では、今日から「障害児保育」の授業が始まりました。授業後、片付けをしている教員のところへ3人の学生がやってきて言いました。

「先生。私たちは、保育所や幼稚園の先生になりたいんです。なぜ、障害のある子どもの勉強をしないといけないのですか？　障害のある子どもたちの施設で働くつもりはないのですが……」

1. なぜ障害児保育・特別支援教育を学ぶのか

【1】 保育士の役割

　障害児保育を学ぶということに先立って、保育士の役割について考えてみましょう。保育士の業務は、**児童福祉法**では以下のように定義されています。

　　保育士の名称を用いて、専門的知識及び技術をもつて、児童の保育及び児童の保護者に対する保育に関する指導を行うことを業とする者をいう（第18条の4より）。

　　また、**保育所保育指針**（保育所保育のガイドライン）において、「保育」の特性とは、「養護及び教育を一体的に行う」ことだと定義されています。養護とは、「養い」「護る」こと、つまり日々安定して暮らせるように、衣食住を提供し世話をすることです。

　保育士は、児童に対して養護と教育を一体的におこない、同時に保護者に対しては家庭での養護と教育に関する指導をする専門職だといえます。

【2】 児童福祉施設での障害児保育

　保育所は、児童福祉法に定められた**児童福祉施設**のひとつです。

　現在、ほとんどの保育所で障害のある子どもの保育をおこなっています。保育所を利用する要件として、児童福祉法第39条には、「保育を必要とする乳児・幼児を日々保護者の下から通わせて保育を行う」ことが記されています。ここでは、保護者の就労などのために日中の保育を必要とする子どもが主な対象として想定されます。そして、日中の保育を必要とする子どものなかには、障害のある子どももいます。保育士が障害のある子どもを保育し、保護者支援をおこなうためには、専門的な知識と技術の習得が必要です。

　さらに、保育士は、保育所のほかにもさまざまな児童福祉施設（→p.37）で子どもの育ちを支えています。たとえば障害児入所施設では、保育士が、医師や看護師や作業療法士などの職員と連携しながら障害のある子どもの保育をおこなっ

ています。ここでも、保育士の専門性が発揮されます（詳細は第4章）。

　ここまで見てきたように、保育士になるには、障害のある子どもの保育をおこなうための専門性を身につける必要があるのです。

<Note>

　児童福祉法は、「児童」を「満18歳に満たない者」と定めています。保育士の役割は「児童の保育」なので、中高生の児童も保育士の保育の対象です。原則として、障害が重かったり、専門的な援助を必要とするなど、家庭での養護が難しい児童がその対象になります*。そのような児童の理解やかかわり方については、施設実習で実践的に学ぶことができます。

【3】 幼稚園での特別支援教育

　幼稚園は、**学校教育法**に定められた学校のひとつです。学校教育法が2007（平成19）年に改正されたことにより、学校において**特別支援教育**が本格的に実施されるようになりました。特別支援教育とは、障害のある子どもに対して、一人ひとりのニーズに合わせて教育上の支援をおこなうことです。

　幼稚園においても特別支援教育の推進が課題となり、現在もその充実化が進められています。**幼稚園教育要領**（幼稚園教育のガイドライン）においては、幼稚園教諭が障害のある子どもについて個別の教育支援計画を作成したり、個々の状態に応じた指導内容や方法を工夫することが求められています。

　また、近年認定こども園の設置が進んでいますが、その保育・教育のガイドラインである幼保連携型認定こども園教育・保育要領にも、障害のある子どもへの支援が示されています。たとえば、障害に応じた指導を工夫し計画すること、家庭や医療・福祉機関などと連携して計画的、組織的に指導することなどが求められています。

　このように、幼稚園教諭や認定こども園の保育教諭になるためにも、障害のある子どもについて知識や技能を修得することが必要なのです。

＊家庭で養護することが難しい児童・生徒の実際については、「社会的養護Ⅰ」「社会的養護Ⅱ」の科目で学びます。

2.「障害がある」とは

【1】障害とは

▶*Episode 1-2*◀ **コンタクトレンズを買わなくちゃ**

　B短期大学の2時限目の授業が終わりました。Cさんは友だちのDさんを食事に誘いました。「Dさん、今日どこでご飯食べる?」。Dさんが答えます。「ごめん。今日はご飯パスでいい?　使い捨てのコンタクトレンズがなくなりそうなんだ。これから買いに行ってくるね」。

　皆さんは、「障害がある」と聞くとどのような様子を思い浮かべますか。目が見えない、あるいは耳が聞こえないことでしょうか。それとも、足が不自由で車いすを使っている様子でしょうか。足をケガして一時的に歩くことが困難な状態や、Dさんのように視力が低下して、メガネやコンタクトレンズがないとよく見えない状態は「障害がある」のでしょうか。

　Dさんは、視力が低下していますが、コンタクトレンズを装着すれば日常生活は問題なく送ることができそうです。また、足をケガした場合にも、それが治るとまた歩けるようになるので、日常生活の困難さはなくなります。

　一方で、たとえば視覚障害のある場合には、見えない程度が重いため、メガネやコンタクトレンズを使っても機能が十分に回復しません。また、足が不自由な場合、歩けない状態が継続するため、移動の際は車いすが必須となります。このように、何らかの問題により、日常生活における困難さが永続的に続く場合、「障害がある」状態であると考えられます。

【2】「日常生活の困難さ」の考え方

▶Episode 1-3◀ 運動会のリレーに出たくない

　ヨウヘイくん（5歳）は両足に軽いまひがあります。歩くことはできますが、走ることが困難です。

　ヨウヘイくんが通う保育所では、来月に運動会が開催されます。ヨウヘイくんの担任のE先生は、5歳児のクラス対抗リレーのことで悩んでいました。毎年恒例のこのリレーは、5歳児3クラスの子ども全員が参加します。練習を始めてみると、ヨウヘイくんのクラスはどうしても遅くなってしまうのです。クラスの友だちのなかには、「ヨウヘイくんが遅いから負けちゃうんだ」と言う子どもも現れました。ヨウヘイくんもまた、「ぼく、リレーに出たくないなあ……」と言い出しています。

　ここでは、ヨウヘイくんを例に、日常生活の困難さがどのように現れるか考えてみましょう。ヨウヘイくんは両足にまひがあるため、足を思うように動かせないという機能上の困難さがあります。また、まひがあるため走ることが困難です。ここには、活動上の困難さ（制限）があります。また、走ることができないためにリレーに参加できないとすれば、そこには、社会参加の困難さ（制約）があります。この3つの困難さを分けて考えると、保育や援助を考えやすくなります。

　たとえば今回の運動会では、歩く競技であれば、ヨウヘイくんの活動上の困難さ（制限）はなくなります。また、ヨウヘイくんが走る以外のかたちでリレーに参加できれば、社会参加の困難さ（制約）はなくなります。

▶*Episode 1-4*◀ リレーに参加できたヨウヘイくん

　E先生は、どのようにすればヨウヘイくんが運動会に楽しく参加ができるか悩みました。そんなとき、保育室内で、段ボール箱に入ったヨウヘイくんを友だちが押してあそんでいる様子が目に入ってきました。これを見てE先生はひらめき、ほかのクラスの担任にアイディアを相談しました。その結果、今年の5歳児のリレーは、友だちを乗せた箱をグループで引っ張って走るというかたちになりました。E先生のクラスもみんなで話し合い、ヨウヘイくんが箱に乗ることになりました。

　運動会当日、ヨウヘイくんはリレーの間ずっと、箱に乗りながら「がんばって！　がんばって！」と、箱を引く友だちを楽しそうに応援していました。

　E先生のアイディアによって、ヨウヘイくんが「走る」という困難さがなくなりました。また、ヨウヘイくんが積極的にリレーに参加することも可能になりました。さらに、ヨウヘイくんが経験した「楽しい、またやりたい」という気持ちは、今後の日常生活に対する意欲を育むと考えられます。

　保育所では、ヨウヘイくんの両足のまひに対して治療やリハビリをおこなうことはできません。しかし、保育者の工夫と配慮によって、ヨウヘイくんの日常生活の困難さを軽減することができました。このような、日常生活の困難さの現れ方とその援助の考え方については、国際連合の一機関である**WHO（世界保健機関）**が「**ICF（国際生活機能分類）**」というかたちでまとめています。

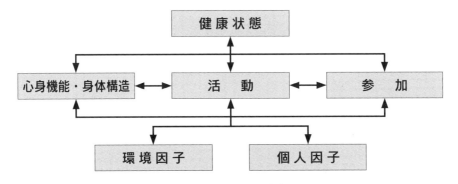

図1-1　ICFの生活機能構造モデル

3. 障害のある子どもへの保育とは

【1】障害のある子どもへの保育

　前項までの説明から考えると、障害のある子どもとは、「発達上の問題がある
ために、日常生活を送る上で困難が永続的に生じる可能性がある子ども」という
ことができます。とはいっても、障害のある子どもへの保育の基本は、いわゆる
定型発達の子どもに対する保育と変わるところはありません。その基本的なプロ
セスは図1-2に示すとおりです。保育者はこのようなプロセスのなかで、子ども
一人ひとりの最善の利益を考え、発達の状態や個性に応じた保育をおこない、子
どものもつ能力を引き出していきます。それぞれのプロセスの詳細については、
本書の第2章以降で学んでいきます。

子どもの評価　発達の評価、個性、家庭の様子、保護者の願いなどを評価する。

指導計画の作成　子どもの評価をもとに、指導計画を作成する。

保育の実践　保育者がもつ保育の知識や技法を用いて、指導計画を達成するよう保育を実践する。

保育の評価　保育記録を振り返り、指導計画や実践が適切であったかどうかを評価する。

保育の改善　保育の評価を内省したり、カンファレンスを通じてほかの職員に伝達・共有するなどして、保育の改善・向上のための手立てを探る。

図1-2　保育の基本的な流れ

　図1-2に示した基本に加えて、障害のある子どもの保育においては、重要なポ
イントが大きく2つあります。
　ひとつは、問題状況を早期に把握することです。子どもは急速な発達の途上に
あるため、日々大きく変化していきます。そして障害のある子どもの場合は、問

題の状態も変わりやすいのです。したがって、日常生活の困難さにつながるであろう問題については、早期に状態を把握してケアをすることが重要です。

　もうひとつは、ほかの子どもに比して、保護者や家族へのケアがより必要であるということです。集団保育のなかでは、障害のある子どもをもつ保護者が自分の子どもと他児の育ちを比較する機会が多くなります。そのため、障害のあるわが子の育ちに対して、保護者がネガティブな感情をもつことが少なからずあります。また、障害のある子どもの家族、特にきょうだい児へのケアが必要なこともあります。なぜなら、保護者はどうしても障害のある子どもの方に意識を向けがちになるからです。保護者や保育者が意識的に愛情を注ぐ時間をつくるなど、きょうだい児も常に気にかけているという姿勢を見せることが大切です。

【2】障害のある子どもと過ごす意義

　エピソード1-4の冒頭では、保育室で子どもたちがヨウヘイくんをダンボール箱に乗せてあそんでいました。これは、子どもたちがヨウヘイくんの足に配慮をしたわけではなく、日常の生活から自然に生まれたあそびだと考えられます。

　このように、幼少期から障害のある子どもとかかわっていると、子どもは障害児を特別視することなく受け入れます。そのため、エピソード1-3で「ヨウヘイくんが遅いから負けちゃうんだ」と発言した子どものように、率直な発言や批判をすることもありますが、これも障害のある友だちを自分たちと同じ立場で受け入れていることを表しています。障害のある子どものいる保育は、障害の有無にかかわらず一緒に暮らしていくことを自然にとらえる価値観を子どもたちに育みます。

　また、障害児の保育をするなかで保育者も成長していきます。E先生は、ヨウヘイくんとクラスの子どもたちのあそびをきっかけにリレーのアイディアを思いつき、また、クラスの子どもたちの力にも気がつきました。このように、障害のある子どものいる保育は、保育者の技量を高めるだけでなく気づきの視野を広げることにもつながります。

4. 障害児保育の歴史的変遷

▶*Episode 1-5*◀ **エリさんのクラスの転校生**

　小学5年生のエリさんが通う学校では、今日から2学期が始まりました。エリさんは学校から帰ってくると、母親に話しかけました。

エリ：「お母さん。今日ね、うちのクラスに転校生が来たの。でもね、その子車いすに乗っていて、話し方も少し変なんだ」

母親：「障害のある子が転校してきたのね。これからみんなと仲よくなるのが楽しみだね」

エリ：「でも、近づきにくいんだ。どうしてあげたらいいのか、わからないし」

母親：「昔の日本ではね、障害のある子どもは家族のよくないことをすべて引き受けて生まれてきたとか、その子のためにみんながんばってはたらくので家がよくなるって考えられて、「福子」とか「福助」と呼んで大切にしたのよ。でも、エリがそのお友だちに「何かをしてあげなきゃ」って強く考えることもないと思うよ。その子が自分でやりたいこともあるだろうし。クラスの友だちと同じように仲よくして、困ったときはお互い手伝えばいいんじゃない？　そう、幼稚園で同じクラスだったシュンくんも足が不自由だったけど、エリ、よく一緒にあそんでたじゃない」

エリ：「あっ、そうだった」

【1】「療育」の概念と専門施設の設置

　エピソード1-5で母親が語ったように、近代以前の日本では障害のある子どもを家庭で大切に育ててきました。しかし、近代になり西洋の思想が日本に入ってくると、障害に対する考え方も変化していきます。たとえば、障害のある子どもは訓練や指導を受けて、障害のない人と同じように生活することを目指すようになりました。そのために、障害の状態に応じた治療や訓練、保育・教育（これらをあわせて**療育**といいます）を受けられる場の整備が必要だと考えられるようになったのです。

　このような考え方を背景に、1957（昭和32）年4月に児童福祉法が一部改正され、精神薄弱児通園施設が設置されることになりました。精神薄弱児とは、知的発達に重度の遅れがある子どものことで、現在の知的障害児を指します*。また、手足など身体に不自由のある子ども（肢体不自由児）に対しても、1963（昭和38）年に肢体不自由児通園施設での療育が始まりました。また、難聴児を対象とした、難聴幼児通園施設なども設置されました。

　一方、近隣に通園施設がなく療育を受けられない子どももいました。そこで、1972（昭和47）年から、このような子どもに対しては市町村が通園の場を設けて、療育・指導をする心身障害児通園事業が実施されました。

【2】 園における障害児受け入れの変遷

　1960年前後は、「ほかの人と同じように生活できるようになること」が、障害児の「自立」の中心的な考え方でした。そのため、障害のある子どもは他児と分けて療育をする「分離保育」の考え方が主流でした。

　当時、幼稚園では特殊教育諸学校（障害のある子どもが通う学校）の一部で幼稚部を設置して障害児を受け入れていましたが、その数はごくわずかでした。また、同じ頃、保育所では障害児を受け入れるための制度がありませんでしたが、

＊精神薄弱という語は、障害の状態を適切に表現していない、差別的であるなどの批判があり、1998（平成10）年からは「知的障害」に名称が変わりました。

1974（昭和49）年から、障害児を受け入れる保育所を指定して他児とともに保育をおこなう障害児保育事業が始まりました。このような、障害のある子どもとない子どもを一緒に保育する形態は**統合保育**と呼ばれます。

【3】インクルージョン保育への展望

障害児を対象にした療育施設は、以前は障害種別の施設として設置されていましたが、現在はその位置づけが異なります。たとえば、前述した肢体不自由児通園施設は、児童発達支援センターと名称が変わっています。また、心身障害児通園事業も児童発達支援事業という名称になりました（→p.192-）。このような制度が整備された背景には、障害の種別によらず、身近な地域で豊かな日常生活を送るための発達支援をしていくという考え方があります。

保育所や幼稚園などの保育では、より望ましい統合保育を模索するなかで、障害や自立に対する考え方が変わってきています。「ほかの人と同じようにできる」ことも大切ですが、現在では「必要なところは手伝ってもらいながら、より多くの社会参加をする」ことが自立と考えられるようになっています。すなわち、障害の有無にかかわらず、同じ場所で過ごすなかでお互いが助け合い、支え合うという考え方です。このような考え方は、**包括的な統合保育**あるいは**インクルージョン保育**と呼ばれます。エピソード1-5にあるエリさんの母親の考え方や、エリさんの幼稚園時代の思い出も、インクルージョン保育の一例だといえるでしょう。

【演習課題】

1. 障害のある子どもが出会う「活動上の困難さ（制限）」や「社会参加の困難さ（制約）」にはどのようなことがあるでしょうか。話し合って具体例をあげてみましょう。
2. 課題1.で考えた困難さを改善するためには、どのようなことができるでしょうか。考えてみましょう。

第2章 障害児保育・特別支援教育の基本

▶ *Episode 2* ◀ **部分実習での反省**

　Ｆさんの保育実習も２週目に入り、今日は３歳児クラスで部分実習を任されています。Ｆさんは、６月という季節に合わせて、細かく切った折り紙を紙皿に貼ってアジサイを作るという指導案を立てました。

　子どもたちは４人ずつグループになって着席しています。Ｆさんは、まず一人ひとりに紙皿を配りました。次に、細かく切ったピンク色と紫色の折り紙を箱に入れたものと、チューブ糊を紙片の上に出したものを各テーブルにひとつずつ配りました。Ｆさんが説明を始めます。「先生がやるので見ててね。はじめにピンク色の折り紙を貼るよ。折り紙のうしろに糊をつけて、お皿の上にペッタン!」。Ｆさんの話が終わるのを待たず、子どもたちは折り紙に手を伸ばします。ダイチくんは真っ先に折り紙を取ろうと、折り紙の箱を手元に引き寄せました。同じテーブルのシンタロウくんとユウカちゃんは「取れないよお」と箱を戻そうとしています。Ｆさんはその場へ行き、「みんなで使おうね」と３人に話をして、数枚ずつ折り紙を渡しました。隣のテーブルでは、アキトくんが紫色の折り紙ばかり取って、糊をたっぷりつけて紙皿に貼っています。手も紙皿も糊でベタベタです。Ｆさんがアキトくんの手を拭いていると、後ろのテーブルでは箱が落ちて、折り紙が床に散らばっています。

1. 発達の見方と気になる発達の評価

【1】発達評価の視点と三領域

　保育者として子どもにかかわる上で、「発達に合わせた保育」は必ず覚えておきたい視点です。発達に合わせるとは、別の言い方をすれば、子どものできるレベルあるいはできそうなレベルに合わせるということです。エピソード2でFさんが考えた活動内容は、子どもたちにとって難しかったようですが、どこが難しかったのでしょうか。

　たとえばダイチくんがいたテーブルでは、折り紙の箱の取り合いが起こっていました。3歳のこの時期では、ひとつのものを順番に使うのが難しい子どももいます。Fさんは活動中に対応しましたが、初めから一人ひとりに折り紙を配ってもよかったでしょう。また、アキトくんは糊をたくさんつけていましたが、3歳のこの時期には、指先の器用さが十分に育っていない子どももいます。その点では、Fさんが前もって細かく切った折り紙を用意したのは適切だったといえます。

　では、もしこのクラスの子どもたちが、「紙を切って貼る」という制作をするとしたら、発達に合わせてどのような配慮ができるでしょうか。この場合、たとえば両手で紙をちぎるということや、前もって保育者が切り取りやすくした紙を切り離すことなどができるでしょう。糊をつけることが難しければ、シールを貼るということもできます。このように、子どもたちはその発達に合った活動を重ねることでさまざまな経験をし、興味や関心の幅を広げていきます。

子どもたちの発達に合わせた保育をおこなうために、保育者は子どもがどこまでできるのか、すなわちどう発達しているのかを、子どもの行動から把握することが大切です。これを、**発達評価**といいます。

❖発達評価の視点

　一般的に、発達は大きく分けて**知的発達**、**運動発達**、**社会性の発達**の3つの領域から評価をすることができます。

知的発達

　知的発達とは、知能すなわち考える力の発達のことです。エピソード2で、アキトくんは、Fさんが「はじめにピンク色の折り紙を貼るよ」と言ったにもかかわらず紫色の折り紙を取っていました。一般的に、色の区別は3歳代前半にできるようになりますが、青・赤・黄・緑などの基本的な色以外は、理解がもう少し後の時期になることがあります。ということは、アキトくんの年齢を考えると、ピンクや紫はまだ区別できない可能性があります。つまり、Fさんの説明が難しすぎるのです。色の理解のほかに、知能には以下のようなものがあります。

言語機能：ことばを話す、聞く、書くなどして理解する力です。発達により語彙の数が増え、長い文がつくれるようになります。また、他者とのことばのやりとりも上手になります。たとえば1歳6か月頃には「新聞を持ってきて」のような

表2-1　表出されることばの発達

生後	表出することばの様子
3か月頃	クーイング（のどの奥で出すクークーというような音）
6か月頃	喃語（バーバー、バーダーなど音の繰り返し）
1歳頃	初語・一語文（「マンマ」など一語で意思を伝えようとする）
1歳6か月頃	二語文（「ブーブ、ナイ」など、二語をつなげて意思を伝えようとする）
2歳頃	多語文（三語以上の語をつなげて意思を伝えようとする）
3～4歳頃	基本的な構文の獲得（「て・に・を・は」などを使って単語をつなげる）
5～6歳頃	文字の読み書きの開始

簡単な指示を理解して実行できるようになったり、3歳代の半ばには、嫌な気持ちのときに相手を叩いたりせず、ことばで主張できるようになります。ことばの大まかな発達は表2-1に示すとおりです。

位置関係（空間認知）：ものの位置がわかることです。目の前のものを取ったり、積み木を積んだり、文字を書いたりするとき（線を組み合わせて文字の形にする）には、目で見た位置に合わせて身体を動かす必要があります。このときの位置関係を把握するために知能が使われます。また、転がるボールや飛んでくるボールなど動くものを捕らえるときにも、位置関係を把握する力が使われます。

数の理解：ものを1対1で対応させる*、数をかぞえる（計数）、量の多少がわかることです。一般的には、3歳代半ば頃から10までの数が数えられるようになります。

概念化：生活のなかにある状態や状況を、「大きい・小さい」「高い・低い」などのことばで表すことです。たとえば、梅干を食べると口のなかに刺激を感じて唾液が出てくる状況は「すっぱい」ということばで概念化できます。大きさの概念（大きい・小さい）は2歳頃までに、高さ（高い・低い）や長さ（長い・短い）の概念はおおむね2歳代後半にわかるようになります。また、5歳頃になると方向（上下・前後）などに加えて「親切」などの概念もわかるようになります。

時間の概念：過去・現在・未来や時間がわかることです。たとえば、昨日・今日・明日のような時の流れの概念は、5歳頃までに理解されます。そのため、3歳になったばかりの子どもに「昨日は何をしてあそんだの?」と聞いても、昨日より前に起こったことや、今からすることを答えるかもしれません。また、5歳を過ぎた頃から時計が読めるようになる子どもが増えてきます。時計の読み方は小学校1年生の算数で学習する単元ですので、6歳から7歳頃になると、ほとんどの子どもが時計を読めるようになります。

---

*異なるグループの個体数を対応させて、数量の大小を確認すること。たとえば、皿とリンゴが複数あってどちらが多いか知りたければ、一枚の皿につき一個のリンゴをのせていき、余った方が多いとわかります。

その他：これらのほかにも、知能には経験したことを覚えておく「記憶」、これまでの経験をもとにこれから何が起こるかが予測できる「推測・推論」、経験を生かしてよりよい行動をとることができる「学習」などがあります。以上にあげたような知能のうち優れている部分を調べたり、全体的な発達のバランスを見る際には「知能検査」（→p.42）が使われます。代表的なものには、田中ビネー式知能検査やK-ABC心理・教育アセスメントバッテリーなどがあります。

運動発達

　運動発達とは、自分の意思で身体を動かす力の発達のことです。エピソード2では、アキトくんが糊を取り過ぎて手や紙皿をベタベタにしてしまいました。これは、指先の細かな運動の発達が未熟なために、適量の糊を取ることが難しいということです。

　一般的に運動発達は、**粗大運動**（移動運動）と**微細運動**（操作運動）に分けて評価をします。粗大運動とは、「歩く」「転がる」「跳ぶ」「ぶらさがる」といったような身体を大きく動かす運動のことを指します。また、微細運動とは、「つまむ」「まわす」「ひねる」といったような主に手先を細かく動かす運動を指します。

　運動の発達には、図2-1に示すような一般的な傾向（法則性）があります。

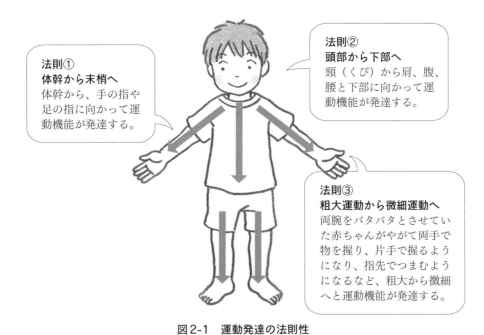

法則①
体幹から末梢へ
体幹から、手の指や足の指に向かって運動機能が発達する。

法則②
頭部から下部へ
頸（くび）から肩、腹、腰と下部に向かって運動機能が発達する。

法則③
粗大運動から微細運動へ
両腕をバタバタとさせていた赤ちゃんがやがて両手で物を握り、片手で握るようになり、指先でつまむようになるなど、粗大から微細へと運動機能が発達する。

図2-1　運動発達の法則性

子どもが生まれてからひとりで歩けるようになるまでの時期は、とくに粗大運動が育つ時期です。図2-1に示した運動発達の一般的な傾向から考えると、生後初期の段階で育つ動きは、体幹上部の粗大な動きになります。これが「首がすわる（定頸）」ということです。

首から肩までの動きが育つと、ねがえりができるようになります。また、腰まで育つとひとりすわり（座位）ができるようになります。さらに膝まで育つと、はいはいを経てつかまり立ちになり、片足でのバランスがとれるようになると、ひとりで歩くことができます。

このような運動の発達について、厚生労働省による「乳幼児の運動機能通過率」という調査結果があります（表2-2）。 網掛け にした箇所は、その運動をおおむね90％の子ができるようになった時期です。生後4から5か月で90％以上の子どもの首がすわり、次いでねがえり、ひとりすわり、はいはいを経てつかまり立ちをし、1歳3から4か月になると90％以上の子どもがひとりで歩けるようになることがわかります。この表からも、運動発達が図2-1で示した法則にしたがって進むことがわかります。

表2-2　一般調査による乳幼児期の運動機能通過率

%

年月齢	首のすわり	ねがえり	ひとりすわり	はいはい	つかまり立ち	ひとり歩き
2〜3か月未満	11.7	1.1				
3〜4	63.0	14.4				
4〜5	93.8	52.7	0.5	0.9		
5〜6	98.7	86.6	7.7	5.5	0.5	
6〜7	99.5	95.8	33.6	22.6	9.0	
7〜8		99.2	68.1	51.1	33.6	
8〜9		98.0	86.3	75.4	57.4	1.0
9〜10			96.1	90.3	80.5	4.9
10〜11			97.5	93.5	89.6	11.2
11〜12			98.1	95.8	91.6	35.8
1年0〜1か月未満			99.6	96.9	97.3	49.3
1〜2				97.2	96.7	71.4
2〜3				98.9	99.5	81.1
3〜4				99.4		92.6
4〜5				99.5		100.0

（厚生労働省「平成22年乳幼児身体発育調査報告書」より）

ひとり歩きができるようになると、移動の範囲が広がります。また、上肢、下肢を自分の思うように動かすことができるようになるので、さらに多くの動きを身につけていきます。たとえば、2歳過ぎには足を一歩ずつ出しながら階段を上がれるようになったり、両足をそろえてジャンプができるようになります。また、体幹と四肢をあわせて使うことで、走る、転がる、投げるなどの基本的な動きができるようになります。

　このような基本的な動きはおおむね3歳には完成するとされています。動きは経験を重ねることによって身につくので、子どもは、運動発達に合わせた動きを生活場面やあそびのなかで経験することが望まれます。大きな動きの例としては以下のようなものがあります（表2-3）。

表2-3　大きな動きの例

体のバランスをとる動き
立つ・座る・寝ころぶ・起きる・回る・転がる・渡る・ぶら下がる
体を移動する動き
歩く・走る・はねる・跳ぶ・登る・下りる・這う・よける・すべる
用具などを操作する動き
持つ・運ぶ・投げる・捕る・転がす・蹴る・積む・こぐ・掘る・押す・引く

（文部科学省「幼児期運動指針ガイドブック」より）

粗大運動の発達が進むと、姿勢や動きが安定するため手先を自由に使うことができるようになり、これにともなって手指のうごきである微細運動の発達が進みます。

エピソード2のアキトくんにとっては難しかった「自分で糊をつけて、紙を貼る」という運動も、3歳代にはおおむねできるようになります。手先の発達を見るときは、はさみや箸の使用に注目するとわかりやすいでしょう。これらの動きは2歳半ば頃からできるようになりますが、個人差が大きいので、一人ひとりをよく観察することが大切です。

社会性の発達

社会性とは、ものや人とのかかわり方のことです。ものとのかかわり方は、衣服の着脱や排泄、食事の自立などの基本的な生活習慣に見ることができます。

人とのかかわりは、「対人関係」とも呼ばれます。エピソード2では、子どもたちがFさんの話が終わるのを待たずに折り紙を取ろうとしていました。人の話をよく聞くということは、人とかかわること、すなわち対人関係をつくる上で大切です。また、ダイチくん、シンタロウくん、ユウカちゃんは折り紙の箱を自分の手元に引き寄せようとしていました。この時期は自分のことを中心に考え、周囲の様子への気づきが十分ではありません。そのため、順番に使う、分けるといった集団のなかで必要な対人関係のやりとりが未熟だといえます。

【2】発達の客観的評価の方法

発達検査

ここまで、**発達の領域**（視点）について見てきました。各領域は、年齢に応じて、かつバランスよく発達していくことが望まれます。発達の状況を質問紙や面接などを通じて客観的に評価をするものが**発達検査**です。保育の現場で使われる発達検査の代表的なものとして、**遠城寺式・乳幼児分析的発達検査**と**乳幼児発達スケール**（KIDS）があります（表2-4）。

表2-4 保育の現場で用いられる代表的な発達検査

	遠城寺式・乳幼児分析的発達検査	乳幼児発達スケール（KIDS）
対象となる年齢	0歳1か月から4歳8か月	0歳1か月から6歳11か月
検査項目（領域）	・移動運動 ・手の運動 ・基本的習慣 ・対人関係 ・発語 ・言語理解（6領域）	・運動（粗大運動の育ち） ・操作（手指などの微細運動の育ち） ・理解言語（ことばの理解） ・表出言語（話すことのできることば） ・概念（ある状況をひとまとまりのことばで理解できる力。たとえば「冒険」「勇気」など） ・対子ども社会性（同年代の子どもとのやりとり） ・対成人社会性（大人とのやりとり） ・しつけ（基本的生活習慣などの様子） ・食事（衛生感覚や食事の基本的ルール）
検査上の年齢区分	年齢ごとに段階を分けて評価： ・1か月から1歳→1か月ごとの12段階 ・1歳から1歳6か月→2か月ごとの3段階 ・1歳6か月から3歳→3か月ごとの6段階 ・3歳から4歳8か月→4か月ごとの5段階	年齢ごとに異なる検査用紙を用いて評価： ・Type A （1か月から11か月までを対象） ・Type B （1歳から2歳11か月までを対象） ・Type C （3歳から6歳11か月までを対象） ・Type T （発達に遅れがある子どもを対象）
検査方法	・それぞれの月齢で見られる行動ができるかできないかを答えていくことにより、発達の状況や各領域の間の発達のバランスを評価する。 ・4歳8か月を越えた年齢でも、発達の遅れが考えられる子どもの場合は、この検査を用いてどこまで発達しているかを評価することがある。	・各領域ごとに、乳幼児が日常で見せる行動・様子が質問文としてあげられている。その行動・様子の有無を、子どもをよく知る人が○×で答えていく。 例：「ちょうだい」と言うと手に持っている物をくれる。(Type B、領域「理解言語」より) ・各領域の○の数から発達を評価したり、ほかの領域とのバランスを評価することができる。

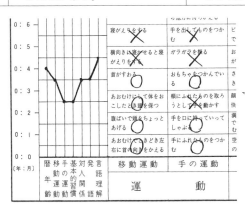

遠城寺式・乳幼児分析的発達検査表の記入例（部分）

あそびの発達

　発達検査などによって子どもの発達段階を客観的に評価することも大切ですが、日常の保育場面ですべての子どもにこのような評価をおこなうことはできません。多くの保育者は、子どものあそびの様子からも発達を把握しています。あそび方には一般的な発達の傾向があると考えられ、これまでの研究によって整理されています。たとえば発達心理学者の**パーテン**は、他者とのかかわりの広がりという視点からあそびの発達を整理しました（表2-5）。

表2-5　あそびの発達—パーテンの分類

何もしない行動
　特に何かであそぶわけでもなく、ただ座ってあたりを見回したり、ぶらぶらと歩いたりする。

ひとりあそび
　他児とかかわることなく、ひとりで物を使ってあそぶ。ひとりあそびによって物の扱い方を学んだり、簡単なルールを発見したりする。また、自分であそびを広げていく基礎となる。内容が高度になったひとりあそびは、発達（年齢）が進んでも見られる。

傍観的行動（ながめあそび）
　他児のあそびをじっと眺める。あそびに誘っても一緒にやらないことがあるが、他児に興味や関心が出てきたことの現れだといえる。

並行あそび・連合あそび
　直接的なやりとりはないものの、友だちと同じ場所で同じようなあそびをする。あそびを重ねるなかで物の貸し借りややりとりがおこなわれるようになると、連合あそびとなる。連合あそびの頃（4歳頃）は、友だちとのやりとりはあるが役割は決まっていない。

協同あそび
　おにごっこや花いちもんめなど、集団のなかで決めた役割やルールに従ってあそぶ（5歳頃）。協同あそびでは「かけ引き」もされるようになり、リレーや球技など集団でおこなうスポーツの基盤にもなる。

このようなパーテンの分類に対して、心理学者の**ピアジェ**は、内容の複雑さという視点からあそびの発達を整理しました（表2-6）。

表2-6　あそびの発達―ピアジェの分類

感覚運動的あそび
　視覚、聴覚、味覚、嗅覚、触覚などの自分の感覚への刺激を楽しむあそび。乳児がガラガラなど音のなるおもちゃの音を聞いたり、目の前でくるくる回るメリーを見て楽しむなど。

象徴的あそび（見立てあそび、ふりあそびなど）
　あるもの（対象）をほかのもの（象徴）に置き換えるあそび。
例：細長い積み木を持って電話をかけるまねをする（見立てあそび）／バスの運転手のまねをする（ふりあそび）／見立てあそびとふりあそびをあわせて、ままごとなど役割をもってやりとりをする（ごっこあそび）

規則的（ルール）あそび
　パーテンのいう協同あそびに似ている。ルールと役割をもつあそびであり、競争あそびへと発展する。

　このように、子どもがどのようにあそんでいるかを観察することにより、おおまかな発達をとらえることが可能です。このあそびの発達の段階は、必ず覚えておいてください。

【3】 気になる発達の評価と対応

　保育の場面では、「2歳を過ぎても歩き始めない」「3歳が近づいても二語文で話す」「先生の名前がなかなか覚えられない」「気持ちが不安定になると頭を床にぶつけたり、自分で顔を叩いたりする」など、他児とは異なる、気になる行動を示す子どもがいます。このような行動によってケガをする危険性が高まったり、友だちとのやりとりに支障が出たりするため、保育者はその子どもの状態に応じて配慮をすることが必要です。また、このような気になる様子について保護者か

033

ら相談されることもあるため、行動の理解と対応について学んでおくことも大切です。気になる発達や行動は、「発達の遅れ」と「発達の偏り」の側面から理解し、対応していきましょう。

❖発達の遅れ

発達の遅れとは、歩く、話すなど一般的な発達のなかで誰にでも見られる行動が、期待される時期になっても出ないことを指します。たとえば、「歩く」という運動でいうと、ほとんどの子どもは1歳4か月の頃にはひとり歩きができるようになります（表2-2）。しかし、1歳6か月に受ける乳幼児健康診査（→p.185）の時期を越えてもできない場合には、運動発達が遅れている可能性が考えられます。

また、2歳を過ぎた頃には多くの子どもが多語文を話すようになりますので（表2-1）、前述したような「3歳が近づいても二語文で話す」というケースは、言語発達が遅れていると考えられます。

発達の遅れと考えられる場合には、その行動が通常現れる年齢の子どもと同様の配慮をしながら発達をうながします。つまり、3歳が近づいても二語文で話をする子どもに対しては、二語文を話す一般的な時期（1歳後半から2歳）の子どもへのかかわりと同様の配慮をするということです。発達に遅れのある子どもの場合は、年齢が進むにつれて同年齢児の動きと差が出てくるので、活動に入れないことが増えてきます。そのようなときにも、保育者は、発達に遅れのある子どもがその発達段階に応じた活動を経験できるように配慮します。

❖発達の偏り

一方、発達の偏りとは、一般的な発達のなかでは見られないような行動が発現することを指します。前述の例では、「気持ちが不安定になると頭を床にぶつけたり、自分で顔を叩いたりする」という行動がそれにあたります。このほかの例としては「泥水を飲む」「衝動的に道路に飛び出す」などがありますが、いずれも身体に危険を及ぼすことがあるため、保育者はこれらの行動を止めたり緩和させたりする必要があります。

そして、子どもの行動を止めるだけではなく、なぜそのような行動をするのか原因を考え、行動をしなくてよいようにする必要があります。たとえば、気持ち

が不安定になると床に頭をぶつける子どもは、不安定な気持ちを落ち着かせるために身体に強い刺激を与えている可能性があります。このような場合は、身体に危険がないかたちで刺激を受けられるようにしたり、ほかの行動で落ち着けるようにうながします。このような、発達の偏りと考えられる行動が見られた場合、保育者は子どもがそのような行動をとる理由を考えることが大切です。

　「子どもがなぜそのような行動をするのか」を理解しようとするとき、「その行動をすることで、子どもにとってどのように得になっているのか」と考えると行動の理由が見えてくることがあります。「得になる行動」とは、①欲しいものが得られる、②嫌なものから逃げられるなどがあります。

①欲しいものが得られる

　たとえば、あなた（保育者）の顔を見ながら友だちの髪の毛を引っ張る子どもがいたとしたら、あなたはどのように対応するでしょうか。もちろん、「痛いから引っ張らないよ」などと止めることも大切ですが、髪の毛を引っ張っている子どもは、あなたに声をかけてもらえることを期待しているのかもしれません。

②嫌なものから逃げられる

　クラスみんなで歌を歌い出すと、部屋を出ていこうとする子どもがいたとしましょう。友だちや保育者の気を引こうとしているのでしょうか。もしかすると、聴覚が過敏なために友だちの大きな声が嫌なのかもしれません。

　このように、子どもの気になる行動にはそれぞれ理由があります。なぜそのような行動をとるのか理解が難しいときには、「その子どもにとって得になること」との関連性を考えてみるとよいでしょう。

035

2. 障害児保育・特別支援教育の対象と支援の場

　障害があるために家庭での保育が難しい、あるいは、集団での保育に特別な配慮や支援が必要である場合には、障害児を対象とした保育を受けることができます。そのような保育の場としては、①保育所での障害児保育、②幼稚園での特別支援教育、③保育所以外の児童福祉施設などがあります。

❖保育所での障害児保育

　障害がある子どもであっても、集団での保育によって発達によい効果があると判断された場合、保育所において集団保育を受けることができます。障害児として保育所で集団の保育を受けるためには定員があり、これを一般的には**障害児枠**と呼んでいます。

　障害児枠として保育を受ける場合、子どもの障害の状態や保育上必要な援助の程度により保育士を増やすことがあります。この増やした保育士のことを**加配**保育士あるいは障害児担当保育士と呼びます。また、障害児枠で保育をする場合には、子ども一人ひとりの発達過程や障害の状態に合わせて個別の指導計画（第8章参照）を作成することや、それをクラスの指導計画と関連づけることなどが必要になります。

　なお、保育所での障害児保育（障害児枠）で受け入れる子どもは、原則として①障害が中程度まで、②集団のなかでの保育が可能、③日々通うことが可能、などの状態が求められます（基準は自治体によって異なります）。重度の障害があるなど、基準が満たせない子どもの場合は、保育所以外の児童福祉施設など（後述）で保育を受けることになります。

❖幼稚園での特別支援教育

　近年、障害がある子どもが幼稚園に通う機会も増えてきています。幼稚園には、多くの場合、障害がある子どもの定員枠などはありません。そのため、入園にあたっては、幼稚園で過ごすことが子どもの発達をうながすか、また、その子どもへの教育をおこなう上で必要な環境が整っているかなどを、保護者と幼稚園で十

分に話し合うことが必要です。

　子どもの障害の状態や必要な援助の程度によって、職員を増やして配置することもあります。この職員は幼稚園では**支援員**と呼ばれます。支援員は、子どもが衣服の着脱や食事をするときの補助や、気持ちが落ち着かないときにクールダウンをするなど、担任と連携して支援をおこないます。

　なお、幼稚園で障害児を受け入れる場合には、特別な支援を要する子どもへの教育であることから、**特別支援教育**と呼ばれます。特別支援教育は教育機関で使われる用語であるため、小学校、中学校、高等学校でも用いられます。特別支援教育においては、個別の指導計画や個別の教育支援計画を作成するなど、子どもの状態に合わせて保育や教育を工夫することが求められています。また、幼稚園で効果的に特別支援教育をおこなうために、園内で特別支援教育コーディネーターを指名したり、園内委員会と呼ばれる子どもの情報共有の場が設けられます（第15章参照）。

❖保育所以外の児童福祉施設などでの保育

　前述したとおり、障害の程度が重い場合や、障害のために家庭での養育が難しい場合には、保育所以外の児童福祉施設などで保育を受けることができます。

　障害が重い子どもの場合、食事をとることやトイレに行くこと、衣服の着脱など、日常生活に必要な動作（**ADL**：Activities of Daily Living）に困難が生じます。そのため、集団保育に先立ってADLを身につける必要があります。また、知的発達や社会性の発達が遅れているために保護者と離れて活動をすることが難しい子どもは、保護者とともに通園をして集団生活に慣れたり、いろいろな活動を体験したりすることがあります。

このような、保護者と通園をして活動を体験する場には、児童発達支援センターや児童発達支援事業などがあります（→p.191-）。また、障害が重いなどの理由で家庭での養育が難しい子どもの場合には、環境が整った児童福祉施設に入所して保育を受けることもあります。入所施設には、障害児入所施設（福祉型・医療型）があります（→p.192-）。

　保育士の資格を得る際には、保育所での保育実習に加えて、このような保育所以外の児童福祉施設での保育実習が課されています。つまり、保育士は「障害が重い子どもにも適切な保育ができる」ことが求められていますので、このような子どもについても、本書で十分に学習をしてください。

【演習課題】

1. 感覚運動的あそび、象徴的あそび、規則的あそびにはどのようなものがあるでしょうか。話し合って、あげてみましょう。

2. あなたが住んでいる市区町村にある、保育所以外の児童福祉施設を調べてみましょう。

第Ⅱ部 障害の理解と保育における発達の援助

障害のある子ども一人ひとりの発達を援助していくために、第Ⅱ部では、知的障害、肢体不自由・重症心身障害、視覚障害、聴覚障害、言語障害、発達障害などの特性と保育のあり方について学びます。保育のなかで現れやすい子どもの行動を知り、かかわりの基本を押さえておきましょう。

第**3**章 障害の理解と保育1
──知的障害

▶*Episode 3*◀ あそび方が幼いヒロキくん

　ある保育所の、5歳児の保育室での出来事です。クラスの子どもたちはすごろくをしたり、指で毛糸を編んだりしてあそんでいます。ヒロキくん（5歳4か月）は、ひとりで積み木を床に並べて何かつぶやいています。

　「ヒロキくんは何を作っているのかな？」と担任のG先生が声をかけると、ヒロキくんは「秘密基地なの。ここがドアでね……」と説明をしてくれました。しかし、そこには積み木がバラバラに並んでいるだけで、ドアがどこかもわかりません。G先生が「ここがドアかな？」と積み木をさわりながら問いかけると、ヒロキくんは「先生見てて、見てて」と言いながら並んでいる積み木を崩し始めました。G先生が「あらら、壊してしまうの？」と驚いている姿を見て、ヒロキくんは大笑いをしています。

1. 知的障害の理解と保育

【1】 知的障害とは

　5歳になると、友だちと集団であそんだり、「こおり鬼」や「花いちもんめ」などのルールのあるあそびがわかるようになります（→p.33）。また、指先の細かな動きも育ってきます（→p.27）。エピソード3では、クラスの友だちが複数人ですごろくを楽しんでいる姿や、指で毛糸を編む様子から発達段階がわかります。そのなかでヒロキくんは積み木を並べていますが、どうやら友だちとはかかわらず、ひとりであそんでいるようです。

　このような、ほかの子どもに関心を示さずあそびこむ**ひとりあそび**は、2歳頃によく見られる行動です（→p.32）。もちろん、私たち大人がひとりで読書などを楽しむように、5歳になっても「指で毛糸を編む」といったような、高度な内容のひとりあそびが見られます。しかし、ヒロキくんが並べた積み木はバラバラで、5歳児のひとりあそびには見えないようです。

　第2章でも学んだように、たとえば「ブッブー」と言いながら長方形の積み木を車のイメージで動かすなど、何かをほかのものに置き換えるあそびを**見立てあそび**といいます。これは2歳頃に育ってくるあそびですので、5歳のヒロキくんが秘密基地を作るのであれば、それらしく見える形になっているはずです。見立てあそびの点からも、ヒロキくんのあそびは5歳児で見られる内容とは異なるようです。

また、「見てて、見てて」と言いながら保育士の興味を引こうとする行動がありましたが、このような行動は、自我（自分らしさ）が発達する2歳頃に多く見られるものです。

　ヒロキくんはお集まりの場でも保育士の話に集中できず、自分の興味のあることを話してしまったり、活動の切り替え場面で一つひとつ保育士が声をかける必要があるなど、行動全般が2歳から3歳の子どもと共通しています。このように、行動に年齢よりも幼い様子が見られ、年齢相当の生活や活動をおこなうことが難しい場合、発達がゆっくりな子どもとして配慮が必要になります。この発達のゆっくりさが行動全般にわたって見られ、日常生活を過ごす際に多くの援助が必要となる場合には、知的障害と考えられることがあります。

❖知的障害の定義

　知的障害とは、①知的機能が全般的に欠落していて、②家庭や学校、職場、地域社会などの複数の環境で、自立した日常生活の実行やコミュニケーション、活動への参加に困難があること、③知的機能の欠落や社会適応の欠陥が、発達期の間に発症することを指します＊。

　上記項目の状態により、軽度・中等度・重度・最重度の分類があります。この程度について、以前の診断基準では知能検査から得られる**知能指数**（IQ：Intelligence Quotient）を中心に診断されていました。現在では、精神疾患の新たな診断基準である**DSM-5-TR**（→p.88）で、知能指数だけでなく子どもの生活上の困難さとあわせて総合的に診断することとしています（後述）。なお、現在の診断基準においても、知能指数は診断の重要な指標です。まず、知能指数について理解しておきましょう。

知能指数とADL

　第2章で説明したように、「知的機能」には、言語機能や空間認知、数の概念、推測する力、記憶する力などがあり、その状態は知能検査などを用いて評価することができます。それぞれの知的機能や全体的な知的機能の状態を、知能指数

＊ DSM-5-TRの定義をもとに、筆者が平易な表現に変更。なお、知的障害は、DSM-5-TRでは知的発達症（知的能力障害）と表記されています。

（IQ）として表します。知能指数とは、現在の実際の年齢（**生活年齢**）と知能の発達の程度（**発達年齢**）を比べるもので、発達が生活年齢相当であれば数値は100になります。この数値が高いほど知能が高く、低いほど知能が低いことを表します。この知能指数が70以下であると、一般的に知能の障害（知的障害）であると評価されます（表3-1）。

表3-1　知能指数から見た知能障害の状態

IQ71〜85	境界（ボーダー）領域知能
IQ51〜70	軽度知能障害
IQ36〜50	中等度知能障害
IQ21〜35	重度知能障害
IQ20未満	最重度知能障害

　一方で、知的障害の新しい診断基準では、診断にあたりもうひとつの要素を重視するようになりました。それは、子どもの生活上の困難さです。

　人が生活をする上で必要な力には、考える、知識を習得する力（概念的・学問的領域）や、人や環境とかかわる力（社会的領域）、自立した生活を営む力（実用的領域）があります。考える、知識を習得する力は、記憶、言語、読字、書字、数学的思考などのほか、問題解決や新しい場面で判断するといった力などを指します。人や環境とかかわる力は、他者と意思交換（コミュニケーション）をする力、仲間関係を築く力などを指します。自立した生活を営む力は、食事や排泄、衣服の着脱、入浴などの身辺処理や移動をする力、生活や行動を自己管理する力を指します。

なお、このような日常生活に必要な動きのことを、総じて**ADL**（→p.37）と呼びます。対人援助の専門職にとっては必須の用語なので、しっかり覚えておきましょう。

　保育所では原則として、中等度までの子どもが障害児枠で保育を受けています。中等度までの子どもは、身辺処理や移動、他者との意思交換や簡単な指示理解はおおむね可能です。重度や最重度の子どもは、身辺処理などの多くの場面で援助が必要になるため、児童発達支援センター（→p.191）などで保育（療育）を受けることになります。

療育手帳

　障害がある場合、その程度により社会福祉サービスを受けることができます。知的障害児（者）が社会福祉サービスを利用するためには、**療育手帳**の交付を受けて、知的障害があることを示す必要があります。

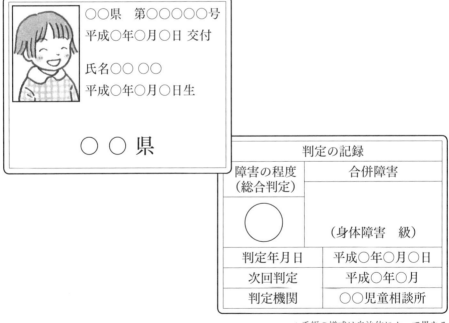

＊手帳の様式は自治体によって異なる

図3-1　療育手帳の内容例（一部）

療育手帳を受け取るためには、まず、**児童相談所**（→p.189）で知的障害があるということの判定を受けます。具体的には、①知能検査などにより知的障害の主たる特徴が客観的に確認され、②子どもの生活の様子などを含めた聞き取りや観察をおこなった上で総合的に評価をし、その結果、③特別な支援が必要であると考えられる場合、知的障害であると判定されます。知的障害と判定された場合、都道府県に申請することによって療育手帳が交付されます。

❖知的障害の原因

知的障害は、知的機能をつかさどる大脳がなんらかの原因により損傷を受けるため（あるいは未熟なため）に起こります。代表的な原因を表3-2に示します。

表3-2　知的障害の主な原因

感染・中毒	ウイルス性脳炎など、原因菌が大脳に到達し損傷を与えること。 　例：インフルエンザ脳症など
外傷・物理的要因	交通事故や浴槽への転落による溺水事故などにより、物理的に脳が損傷を受けること。 　例：脳無酸素症など
代謝異常	代謝とは、身体の外から取り入れられた物質が体内で変化して生命活動に使われるプロセスのこと。このプロセスがうまくはたらかないのが代謝異常で、結果として大脳に損傷を与える。 　例：フェニルケトン尿症など
脳先天異常	脳が十分に育つ前に生まれるなど、先天的な（生まれながら）異常をもつこと。たとえば出生時の体重が1,000g未満のいわゆる超低出生体重児などでは、大脳の神経伝達線維が多く通っている部分がダメージを受け、壊死（灰白質の軟化）してしまうことがある。その結果として、運動や認知機能に障害を引き起こすことがある。 　例：脳室周囲白質軟化症（→p.54）など
染色体異常	染色体が、なんらかの異常を示すことによって知的障害を引き起こすこと。染色体には、身体の設計図である遺伝子が含まれている。 　例：ダウン症など

❖知的障害の疑われる子どもの特徴

ヒロキくんの事例でもあげたように、知的障害の疑われる子どもは、知的機能のみならず、運動機能や社会性の発達にも遅れをともなうことがあります。そのため、園などで同年齢の子どもと集団生活をするなかで、その発達の遅れに気づかれるケースが多くあります。気づきのきっかけになる姿としては、以下のような様子があげられます（表3-3）。

表3-3　発達の遅れに気がつくきっかけとなる行動例

知的機能	・なかなかことばが出ない ・単語が増えない ・話す内容が幼い ・会話の理解が同年代の子どもより著しく遅い
運動機能	・ひとりすわりや歩き始め（始歩）の時期が遅い ・動きがゆっくりである ・次の行動に移るまでに時間がかかる ・一つひとつの行動に声かけが必要
社会性	・衣服の着脱や排泄など、基本的生活習慣の自立が他児よりも著しく遅い ・より年少の子どもとあそんだり、あそび方が似ていたりする

ヒロキくんのように、同年齢の子どもとあそぶ様子が見られないと、保育者や養育者は友だちと一緒にあそぶように強くうながすことがあります。しかし、発達の様子を考えると、ヒロキくんはまだ周りの子どもに興味・関心が向いていないかもしれません。自分でいろいろなことを楽しむ時期（→p.32、ひとりあそびの時期）だとも考えられます。子どもは、ひとりあそびの欲求がしっかりと満たされることで周囲への関心が生まれるので、同年齢の子どもの集団に入って活動する前に、ひとりであそびこむ機会を十分に得る必要があります（第10章参照）。

保育者の役割は、上記のような子どもの世界の広がりを見極め、援助をおこなっていくことです。そのためにも、保育者には、子どもの発達の流れをしっかりと押さえておくことが望まれます。

❖ダウン症について

　続いて、知的障害をともなう疾患のなかで、保育の場でも出会う機会の多い**ダウン症**の子どもについて取り上げます。

　ダウン症は、**染色体**の異常による疾患です。人の細胞にはその一つひとつに核（細胞核）という部分があり、そのなかに染色体が含まれています。そして染色体には、私たちの身体の設計図となる遺伝子が収められています。染色体は、図3-2に示したとおり、通常2本で1組となり、それが23組（計46本）あります。これらの染色体がなんらかの原因により数や形が変わってしまうことを**染色体異常**といいます。

　前述したように、染色体に含まれる遺伝子が身体の設計図となるため、ダウン症の子どもは似たような身体的特徴をもっています。たとえば目尻が上がっている、鼻が丸くて低い、口が小さく舌は大きいなど、特徴的な顔立ちをしています。

　知的障害はダウン症児に共通する特徴のひとつですが、障害の程度は子どもによって異なり、重度から軽度までさまざまです。

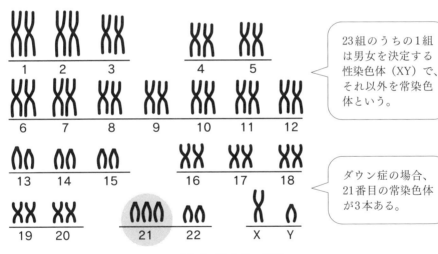

23組のうちの1組は男女を決定する性染色体（XY）で、それ以外を常染色体という。

ダウン症の場合、21番目の常染色体が3本ある。

図3-2　染色体の構造

　ダウン症児の特徴は身体の内部にもあり、たとえば心臓の弁が欠損しているなど、循環器の形態異常があり、乳児期に手術・治療をする場合があります。また、腸の一部分が狭くなっているなど、消化器の形態異常がある場合もあります。そのような子どもは、お腹が張りやすかったり、便秘がちだったりしますが、知的障害が重い場合にはそのことをことばで伝えるのが難しくなります。周囲の人間

には理由がわからないまま、子どもの機嫌が悪い状態が続いたり、泣き続けたりすることがあります。また、ダウン症では、聴くこと（聴覚）や見ること（視覚）に異常がある子どももいます。

　運動面の特徴として、ダウン症は筋を緊張させる力が弱いため、頸のすわりが遅かったり、ひとりすわりや始歩の時期が遅くなります。また、身体に力をいれて支えることが難しいために姿勢が崩れがちであったり、少しの高さでも飛ぶことを怖がることがあります。

　一方で、ほかの知的障害を示す子どもに比べて、社会性（特に人への興味や人とのやりとり）は保たれることが多いという特徴があります。そのため、無邪気で人なつこい印象を与える子どもも少なくありません。

【2】 知的障害が疑われる子どもへの保育的配慮

　具体的な保育的配慮としては、たとえば5歳児クラスの子どもで、活動の様子が3歳児に似ている（発達年齢がおおむね3歳）場合は、その発達のレベルに合わせた配慮を基本とします。たとえば、制作活動の場面を考えてみましょう。知的な発達が遅い子どもの場合、制作の意図や方法が十分に理解できないため、また手先の運動の未熟さのために制作に時間がかかることがあります。

　この場合、周りの5歳児に合わせて制作物を完成させることを重視すると、保育者の直接的な援助が増えてしまい、結果的に子ども自身の十分な経験やプロセスの理解を妨げます。そのため次に同じ活動がおこなわれた場合にも、また同様の援助が必要になってしまいます。

保育における活動のねらいは、子どものもつ力を引き出し、育むことです。それぞれの子どもができる最大限のレベルに合わせて課題や活動を展開することが望まれます。知的障害が疑われる子どもの場合、集団のなかでほかの子どもとレベルを合わせることが難しい場合もありますが、「どこまで経験させたいか」というねらいを保育者がしっかりともって、その子どものレベルに合わせて「できた」という経験を重ねられるよう配慮するとよいでしょう。

　また、生活習慣や決まりなどを身につけるまでに時間がかかることもありますが、具体的に、ゆっくりと、繰り返し教えていくことが必要です。たとえば、ことばだけで説明や教示をするのではなく、絵カード（→p.95）や身振りなどを用いて、目で見てわかるようにしたり、実際に手を取って教えるなどの方法があります（図3-3）。

積み木をなかなか片づけられないときは……

**「お弁当箱をしまおうね」という
指示が伝わらないときは……**

図3-3　身振りを使った援助の例

図3-3に示した弁当箱を片づけるという行為は、「弁当箱のふたを閉める」「弁当箱をナプキンの上にのせる」「ナプキンの端を折り込んで結ぶ」など、一連の作業としてさまざまなことをおこなうものです。したがって、知的な発達が遅い子どもには、こういった一連の作業をつなげてできるようになる前に、<u>一部分からできるようにし、徐々にそれをつなげていく</u>という援助方法をとることができます。

　一方で、子どもは、同年齢の友だちの活動を見たり、一緒に過ごしたりするなかで、友だちのあそびに興味をもちます。刺激を受けることで、まねをしようとしたりチャレンジをしようとするので、保育者には、<u>子どもの興味や関心、意欲</u>をうまく拡げられるよう配慮することが望まれます。

　このような保育は、ダウン症児でも同様です。ただし、ダウン症児のなかにはごく少数ですが大学に入学した事例もあるなど、その発達の姿が子どもそれぞれによって大きく異なります。また、音楽が好きでリズム感がよい子どもも多いので、障害名にとらわれず、一人ひとりの個性を伸ばせる保育をおこなうことが大切です。

　なお、ダウン症児は社会性が比較的保たれることから、自己主張が強かったり、他者の反応をうかがう試し行動*をすることがあります。程度によりますが、善悪の判断はしっかりとつくように教示することが大切です。ただし、このような行動は、通常2歳児の発達でも見られるので、全体の発達を見た上でその発達年齢に合わせた保育を考えることも必要です。

【演習課題】

1. エピソード3のヒロキくんのように、同年齢の子どもとあそぶ様子がまだ見られない子どもは、どのようなあそびを好むでしょうか。また、保育者はどのようなあそびをうながしたり、活動に誘ったりするとよいでしょうか。考えてみましょう。
2. はさみを使って紙を切る動作には、「一回切り」や「連続切り」があります。いつ頃、あるいはどのような順序でこの切り方が変わっていくのかを調べてみましょう。

---

*他者の気を引くためにわざと困るようなことをすること。

第**4**章 障害の理解と保育2
——肢体不自由・重症心身障害／
聴覚障害／視覚障害／
言語障害

▶*Episode 4-1*◀ **絵本が大好きなのに……**

　保育所で3年間働いたH先生は、児童発達支援センターへ異動することになりました。このセンターには、肢体不自由のある就学前の子どもたちが通園しています。「保育所で出会ってきた子どもたちと同じ年齢だし、これまでの経験を生かそう！」とH先生は考えました。

　このセンターでH先生が初めて担当したミクちゃん（4歳）は絵本が大好きです。脳性まひが原因で全身が思うように動かず、バギーに乗って生活をしています。ミクちゃんは発語がありませんが、お気に入りの絵本を読んでもらうと笑顔になります。H先生はミクちゃんがもっと楽しめるようにと考えて、絵が飛び出すしかけのある絵本を用意しました。H先生はミクちゃんの手を取ってしかけ絵本にさわらせようとしましたが、ミクちゃんは楽しくて手や腕に力が入りすぎてしまい、思うようにさわることができません。とうとうミクちゃんは怒りだしてしまいました。

051

第4章　障害の理解と保育2

1. 肢体不自由・重症心身障害の理解と保育

【1】 肢体不自由とは

　エピソード4-1に登場したミクちゃんのように、運動や姿勢に関する脳や身体機能に障害があり、食べる、歩く、書くなど生活していく上で必要とされる**日常生活動作（ADL ／→p.37）**をおこなえない、もしくはおこないにくいことを**肢体不自由**といいます。具体的には「飲み込む力が弱くて喉につまりやすい」「思うように身体が動かず、歩くことができない」といった基本的な運動の難しさです。肢体とは、左右の**上肢**（手、腕）と**下肢**（足、脚）を表す四肢、胴体を表す**体幹**を合わせたもので、頭部を含みません（図4-1）。肢体不自由は運動障害ともいわれますが、法律上の正式名称は肢体不自由です。

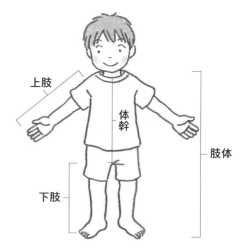

図4-1　身体の各部の名称

　肢体不自由の法律上の定義は医療・福祉領域と教育領域で異なります。医療・福祉領域の**身体障害者福祉法**では、肢体不自由を次のように定義しています。

　①上肢、下肢、体幹の永続する障害

　②片手の親指の付け根より先端を欠損（図4-2a）

　③片手の人差し指を含む2本以上の指の第1関節より先端を欠損（図4-2b）

　④片手の親指を思うように動かすことができない

　⑤片手の人差し指を含む3本以上の指を思うように動かすことができない

　⑥片足を甲の中心から先端を欠損（図4-2c）

　⑦両足のすべての指を欠損（図4-2d）

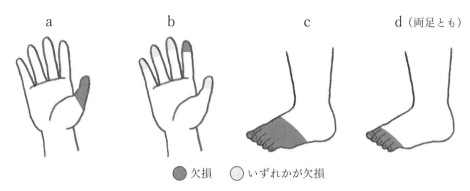

a　　　　　　b　　　　　　c　　　　　d（両足とも）

● 欠損　　○ いずれかが欠損

図4-2　肢体不自由の定義（身体障害者福祉法）

　また、教育領域の**学校教育法施行令**においては、肢体不自由を、①補装具（図4-3）を使用してもADLをおこなえない、もしくはおこないにくい、②医学的な観察や指導が常時必要であると定義しています。

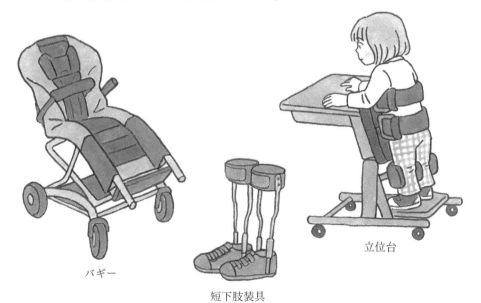

バギー

短下肢装具

立位台

図4-3　補装具の例

Note

　身体障害者福祉法は厚生労働省が、学校教育法施行令は文部科学省が管轄しています。

【2】 脳性まひとは

　肢体不自由の原因となる病気や障害はさまざまですが、特に、**脳性まひ**は肢体不自由の原因の約70％だといわれています。脳性まひとは、妊娠から生後28日未満までの期間に、脳が損傷することで生じる基本的な運動機能の障害のことをいいます。脳性まひの症状にはいくつかのタイプがあります（表4-1）。

表4-1　脳性まひのタイプ

タイプ	割合	症状	異常部位
痙直型	約70％	全身の筋肉に強い力が入った状態が続く	神経、筋肉
アテトーゼ型	約20％	意図しない運動が生じる（不随意運動）	大脳、脳幹
失調型	約10％	全身の筋肉に力が入りにくい状態が続く	小脳

　脳性まひが生じる原因はいくつかありますが、以下のとおり、脳性まひが生じる時期で原因を分類することができます。

❖胎児期

　妊娠してから約10か月間、赤ちゃんは母親のお腹の中で成長します。妊娠3か月から生まれるまでの時期を**胎児期**といい、脳性まひの70％は胎児期に生じるとされています。この時期の脳性まひの代表的な原因は、脳形成の途中段階で異常が生じる脳形成異常、母親が風疹などの感染症にかかりそれが赤ちゃんに感染する胎内感染です。

❖周産期

　出産には医療的なリスクがともないます。赤ちゃんや母親の生死にかかわる医療的サポートが必要となる妊娠22週から生後7日未満までの時期を**周産期**といいます。この時期の脳性まひの代表的な原因は、妊娠8か月までに生まれた場合や生まれたときの体重が2,500g未満の場合に生じやすい脳室周囲白質軟化症（PVL：Periventricular leukomalacia）、生まれるときに赤ちゃんが呼吸や血液循環をうまくできない状態になる分娩時仮死です。

❖新生児期

　生まれたばかりの赤ちゃんは、一部の感染症にはかかりにくいのですが、決して免疫力が高いとはいえません。このような感染症のリスクが高くなる、生まれてから生後1か月までの時期を**新生児期**といいます。この時期の脳性まひの代表的な原因は、血液中に有害な細菌が増殖する敗血症、有害な細菌が身体の重要な部位である脳や髄膜に侵入することで生じる脳炎・髄膜炎です。

【3】 重症心身障害とは

　複数の障害をあわせもつことを**重複障害**といいます。そのなかでも、特に重度の肢体不自由と重度の知的障害をあわせもつ重複障害は、**重症心身障害**とされます。

　ここでいう「重度」がどのような状態を示すのかについては、詳細な基準が設けられていません。重症心身障害は診断のためではなく、福祉的支援をおこなうために命名されたからです。たとえば、重度の肢体不自由だけを対象とした支援では知的障害への配慮（理解力）が足りず、重度の知的障害だけを対象とした支援では肢体不自由への配慮（ADL→p.37）が不十分です。また、重度の肢体不自由と重度の知的障害それぞれへの支援を単純に組み合わせただけでは、うまくいかないことがあります。そのため、重症心身障害を固有のものとしてとらえる必要があります。

　重症心身障害をおおまかに定義する指標として、**大島分類**（表4-2）があります。知能指数が最重度または重度の状態で、かつ運動能力が寝たきりか座れる状態の場合に重症心身障害とされます。

表4-2　大島分類

					知能指数
21	22	23	24	25	境界 (80–70)
20	13	14	15	16	軽度 (70–50)
19	12	7	8	9	中度 (50–35)
18	11	6	3	4	重度 (35–20)
17	10	5	2	1	最重度 (20–0)
走れる	歩ける	歩けない	座れる	寝たきり	
		運動機能			

＊□が重症心身障害

【4】医療的ケアとは

　重度の障害により、生きるために不可欠な呼吸や咀嚼（食べ物をかむ）・嚥下（食べ物を飲み込む）を自分ではできないことがあります。この場合、医療的な知識やスキルを有する者から支援を受ける必要があります。

　このような支援は本来、**医行為**に含まれます。医行為とは、医師だけがおこなうことができる行為です。また、一部の医行為は補助として看護師・准看護師の免許をもつ者もできますが、このような支援をおこなえる人は限られています。ただし、このような支援を必要とする子ども本人やその家族は、**生活援助行為**（日常生活を過ごすために不可欠な行為）としておこなうことができます。

　それでは、子どもと日常的にかかわる保育者や学校の教員はどうなるのでしょうか。この場合、医行為と生活援助行為の中間として位置づけられ、**医療的ケア**と呼びます（図4-4）。

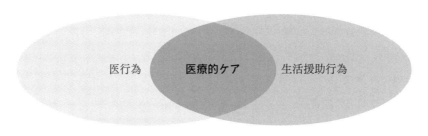

図4-4　医療的ケアの位置づけ

　医療的ケアの賛否（何を実施してよいのか）は長く議論されています。2011（平成23）年に医療的ケアの一部である5つの特定行為については実施可能であることが定められました（図4-5）。ただし、この5つの医療的ケアをおこなうには、研修を受けて認定特定行為業務従事者の認定を受けることが必要です。

　また、2021（令和3）年に医療的ケア児支援法（正式には「医療的ケア児及びその家族に対する支援に関する法律」）が施行されました。この法律により、保育や教育の現場に看護師等の医療的ケアの実施に必要な人員を配置することが責務となりました。医療的ケア児にとっては医療的ケア児ではない子どもとともに保育や教育を受けることができ、その家族にとっては仕事を辞めずに生み育てることができる社会の実現を目指します。

呼吸：喀痰吸引（唾液や痰を機器で吸引する）

①口腔内　②鼻腔内　　　　　　　③気管カニューレ内

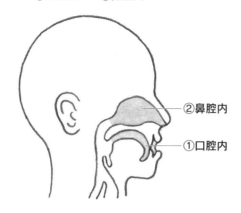

②鼻腔内

①口腔内

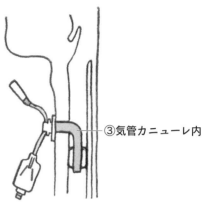

③気管カニューレ内

＊口と鼻はそれぞれの奥でひとつにつながっている。このつながった箇所を咽頭という。保育者や学校の教員が喀痰吸引をおこなうことができる範囲は咽頭の手前までである。

＊呼吸を自分でできない状態が継続する場合、空気の通り道である気管を切開し、気管カニューレという管を挿入することがある。保育者や学校の教員が喀痰吸引をおこなうことができる範囲はこの気管カニューレの内側までである。

食事：経管栄養（流動食をチューブで胃や腸に注入する）

④胃ろう・腸ろう　　　　　　　　⑤経鼻経管栄養

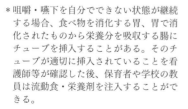

胃ろうチューブ

腸ろうチューブ

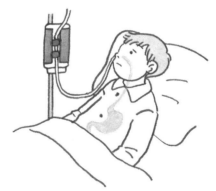

＊咀嚼・嚥下を自分でできない状態が継続する場合、食べ物を消化する胃、胃で消化されたものから栄養分を吸収する腸にチューブを挿入することがある。そのチューブが適切に挿入されていることを看護師等が確認した後、保育者や学校の教員は流動食・栄養剤を注入することができる。

＊咀嚼・嚥下を自分でできない状態が継続する場合、鼻から胃までチューブを挿入することがある。そのチューブが適切に挿入されていることを看護師等が確認した後、保育者や学校の教員は流動食・栄養剤を注入することができる。

図4-5　実施可能な医療的ケア（5つの特定行為）

　障害の状態により、5つの特定行為以外の医療的ケアを必要とする子どもがいます。たとえば、人工呼吸器を使用する子どもです。人工呼吸器を使用する子どもが保育所等（保育所、幼稚園、認定こども園、学校など）へ通う際、常時、保護者の付き添いを求めるケースがあります。しかし、このような人工呼吸器を使用する子どもへの保護者の付き添いは、各自治体や保育所等ごとに対応が異なります。「保育所等では、人工呼吸器に触れられるのは保護者だけ」「保育所等に常駐する看護師であっても人工呼吸器に触れてはいけない」という制限を設けている自治体や保育所等が多くある一方で、制限を設けずに人工呼吸器を使用する子どもを受け入れる自治体や保育所等もあります。

【5】 肢体不自由・重症心身障害のある子どもの保育

❖療育を知る

　エピソード4-1に登場したミクちゃんのような、日常的に医療的支援を必要とする肢体不自由のある子どもには、医療と保育を組み合わせた**療育**（→p.21）がおこなわれます。H先生には保育所で子どもとかかわってきた経験がありますが、療育には療育の専門性が必要です。脳や身体の構造に関する基本的な知識や、リハビリテーションなどのスキルがないままに間違ったやり方で子どもを抱き上げたり、座る姿勢をとらせたりすると、子どもの骨や関節が少しずつ変形していきます。小さな間違いが積み重なることで、将来的に子どもの動きを狭くしてしまいます。目の前にいる子どもの「今」だけを見るのではなく、子どもの「将来を

見据えての今」を見なければなりません。そのためには、次の2点が重要です。

①保育者以外の職種*がそれぞれどのような目的や役割で子どもにかかわっているかを知る。

②保育者自身が、自分たちがどのような目的や役割で子どもにかかわっているかを改めて振り返り、それをほかの職種に伝えていく。

❖ 子ども一人ひとりの状態を知る

肢体不自由のある子どものなかには、歩き方が不安定でも自分の足で移動できる子どももいますが、寝た姿勢から自分で身体を起こすことができない子どももいます。食べものを口に運び、かんで飲み込むことができない子どももいます。

また、肢体不自由だけではなく、知的発達の遅れをあわせもつ子どももいます。肢体不自由の状態だけではなく、知的発達の程度、合併する障害や病気の有無、医療的ケアとして必要な行為、さらにはその日そのときの子どもの状態を把握しなければ、その子どもに合った保育もしくは教育をおこなうことができません。子どもの医療情報や知能検査の結果を知るとともに、日々のかかわりから子どもを理解することや、保護者からの情報などが重要です。

❖ 改めて保育の専門性を知る

ADLをおこなえない、もしくはおこないにくい子どもに対して、あなたは保育者としてどのように援助しますか。「私が代わりにする」ことも援助ではありますが、「こんなふうに工夫すれば、子どもが自分の力でできるかもしれない」と、子どもができることの可能性を探す態度が重要です。

たとえば、エピソード4-1で、絵本を思うようにさわることができなかったミクちゃんも、リハビリテーションを担当する職員とH先生が連携して、筋肉の緊張をゆるめるストレッチをおこなうことで、さわることができるかもしれません。自分の力で何かの課題をやり遂げたり、何かの役割があったりすると、自分のことを誇らしく思うものです。そのような課題や役割を、その子どもにとってちょうどいい難易度に設定したり、子どもが楽しみながら取り組むことができるような工夫をしたりすることこそが、療育における保育者の専門性といえます。

---

*医師、看護師、理学療法士、作業療法士、言語聴覚士、心理療法士など。

2. 聴覚障害の理解と保育

▶*Episode 4-2*◀ 聞こえなかった声かけ

　保育者をめざす学生のIさんは、聴覚障害のある就学前の子どもたちが通園する児童発達支援センターでボランティアをすることになりました。実習に行った保育所とは違い、センターでは、保育士が声かけと手話の両方を使って子どもにかかわっています。また、言語聴覚士の先生が子ども一人ひとりにことばの訓練をする時間がありました。一生懸命に自分の気持ちを伝えようとする子どもの姿と、それを温かく見守る先生方の雰囲気が好きになったIさんは、時間を見つけてはセンターでボランティアをするようになりました。

　そんなある日、部屋であそんでいたリョウくん（4歳）が急に外へ出ようとしました。Iさんは「どうしたの？　もう少しお部屋であそんでいようね」と声をかけましたが、普段はある程度の聞き取りができているリョウくんが、そのまま出て行こうとしました。Iさんはとっさに後ろからリョウくんの腕を引っ張りました。すると、リョウくんは驚いた顔をしてIさんを振り返り、急に泣き出してしまいました。

　リョウくんが落ち着いた後、Iさんは保育士の先生からアドバイスを受けました。「見えないところから急に手を引っ張られたからびっくりしたんだろうね。子どもと目が合ったことを確認してから、「こうしようね」と伝えると指示が入りやすいよ」。

【1】 聴覚障害とは

　あなたの目の前にいる人が「こんにちは」と話しかけてきたとき、あなたが「こんにちは」と聞き取るためには、聴覚が正常にはたらかなければなりません。聴覚は耳を使って音の大きさを感じたり、ことばを明確に聞き取ったりする感覚です。この感覚がうまくはたらかないことを**聴覚障害**といいます。

　聴覚障害の法律上の定義は医療・福祉領域と教育領域で異なります。身体障害者福祉法では、聴覚障害を次のように定義しています。

　①両耳の聴力が70dB（デシベル）以上（かなり大きな声を出せば聞こえる程度）

　②片耳の聴力が50dB以上（普通の声の大きさで聞こえる程度）、もう片方の耳の聴力が90dB以上（マイクを使って大きな声を出せば聞こえる程度）

　③普通の声の大きさで会話したとき明確に聞き取れることばが半分以下

　また、学校教育法施行令においては、聴覚障害を、両耳の聴力が60dB以上（大きめの声を出せば聞こえる程度）の場合のうち、補聴器などを使用しても普通の声の大きさでは聞こえない、もしくは明確に聞き取れない程度のものと定義しています。

　聴覚障害には「聞こえない」と「聞こえにくい」、「ことばを話す前から」と「ことばを話した後から」の組み合わせによって、いくつかのタイプがあります。

❖ろう

　「聞こえない」状態が「ことばを話す前から」続いていることをいいます。ろうの人の多くは、生まれたときから音が聞こえません。そのため、補聴器や人工内耳といった医療的サポートを受けない場合、年齢を重ねても音声によることばを話すことができません。音声によることばがどういうものかを理解すること自体が難しいのですが、文字や手話によることばのやりとりは可能です。

❖中途失聴

　「聞こえない」状態が「ことばを話した後から」続いていることをいいます。中途失聴の人はもともと音声によることばを話せていたので、中途失聴になった

061

後も音声によることばを話すことができます。音声によることばの聞き取りは難しくても、相手の口の動きやその場の雰囲気を感じ取ることで、音声によることばのやりとりがある程度できます。

❖**難聴**

エピソード4-2のリョウくんのように、「聞こえにくい」状態のことをいいます。補聴器や人工内耳といった医療的サポートを受けない場合、「ことばを話す前から」の難聴では、ことばを話すことができても発音にぎこちなさが残ることがあります。「ことばを話した後から」の難聴では、音声によることばのやりとりがある程度できます。難聴には音が小さく聞こえる**伝音性難聴**と音を正確に聞き取ることができない**感音性難聴**があります。

【2】 聴覚障害の評価の方法

聴覚障害の評価には専門の知識と機器が必要です。より正しく評価するためには、医療機関を受診する必要があります。

聴力検査では、一般的な健康診断で用いられるオージオメータを用いて聞こえる音の大きさを評価します（図4-6）。ヘッドフォンを着用してオージオメータから出る音を小さくしていき、聞こえる音の最小音を測定します。聴力の単位であるdBは数値が大きいほど聴力が低いことを示します。この検査によって、伝音性難聴の程度を調べることができます。

図4-6　オージオメータによる聴力検査

生まれてすぐの赤ちゃんは、音が聞こえたかどうかを意図的に表すことができません。そのため、赤ちゃん向けの聴力検査があります。代表的なものとして、脳波を調べる自動聴性脳幹反応（AABR：Automated Auditory Brainstem Response）と原始反射を見る聴性行動反応検査（BOA：Behavioral Observation Audiometry）があります（表4-3、図4-7）。

表4-3　乳幼児向けの聴力検査

検査名	内容
自動聴性脳幹反応 （AABR）	睡眠中に耳元でささやき声程度の音を出し、脳波を調べる。
聴性行動反応検査 （BOA）	いろいろな大きさや高さの音を出し、原始反射を見る。

①眠っていたのが起きる　　②まぶたをギュッと閉じる　　③ビクッとして両腕を広げる
　（覚醒反射）　　　　　　　　（眼瞼反射）　　　　　　　　（モロー反射）

図4-7　聴性行動反応検査で見られる乳児の原始反射

　「あ」という音を聞いて、「お」や「は」ではなく、きちんと「あ」と聞き取ることができる場合は語音聴力検査で評価します。語音聴力検査では、音声によることばをどれぐらい正確に聞き取れるかを測定します。この検査によって感音性難聴の程度を調べることができます。

【3】聴覚障害のある子どもの保育

❖聴覚障害の状態を知る

　同じ「聞こえにくい」でも、音の大きさが問題となる伝音性難聴か、音の正確な聞き取りが問題となる感音性難聴かによって保育者の配慮は異なります。感音性難聴の子どもには、大きな声で話しかけても伝わりません。この場合は絵や文字を一緒に提示するといった視覚情報を活用します。

　子どもの聴覚障害は、ことばを話し始めるのが遅い様子から周囲の人によって気づかれるため、2歳以降に発見されることがあります。保育活動での声かけや音楽への反応が弱いと感じた場合、慎重に行動を観察した方がよいでしょう。聴覚障害を早期に発見すればするほど、その後の音声による発語をスムーズに獲得することができます。

❖ほかの障害との違いを知る

　周囲の人から見て「聞こえない」ように見えても、その子どもに聴覚障害があるとは限りません。自閉スペクトラム症（第6章参照）のある子どもにもよく似た様子が見られます。ただし、聴覚障害と自閉スペクトラム症とでは、「聞こえない」ように見える原因はまったく異なります。聴覚障害のことを正しく理解するためには、ほかの障害のことも知っておかなければなりません。

❖保護者の思いを知る

　聴覚障害との向き合い方には、さまざまな考え方があります。音声によることばより手話を大切にする人もいますし、補聴器や人工内耳といった医療的サポートを重視する人もいます。それぞれの背景には文化や信念があります。保育者という立場だからこそ、保護者の思いをしっかりと聞き取り、保護者がよりくわしい知識を求めるときには適切な専門機関へつなげましょう（第13章参照）。

3. 視覚障害の理解と保育

▶*Episode 4-3*◀ 「見えにくい」って何？

　J先生は、保育所で働き始めて2年目になります。J先生が担当する3歳児クラスに、ソウタくんが新しく入ることになりました。入園前にソウタくんの保護者から、「ソウタくんには視覚障害があり、目が見えにくい」という話を聞きました。J先生は、視覚障害のある子どもを担当するのは初めてです。「視覚障害は目がまったく見えないことだと思っていたけど、「見えにくい」のも含まれるんだ。「見えにくい」ということは、メガネをかけたり、絵本を読むときは近くに座ったりすればいいのかな」とJ先生は考えました。

　実際にソウタくんがクラスに入ると、ソウタくんはひとりずつ場所が決まっている通園バッグを置く棚や、手拭きタオルを掛けておくフックを探すとき、ほかの子どもたちよりも目を近づけて見ていました。しかし、入園して1か月が経つと棚やフックの場所をすぐに見つけられるようになりました。J先生は「きっと見え方には大きな問題がないんだ」と思いました。そんなとき、クラスの友だちがソウタくんに「ボールだよ」と声をかけて投げ渡しましたが、ソウタくんはうまくキャッチできず、顔にボールが当たってしまいました。

【1】視覚障害とは

　今、あなたは何を見ていますか。この本の文字ですよね。目の前にある物体を「見る」ためには視覚が正常にはたらかなければなりません。視覚は目を使って物体の色や形、大きさなどを知る感覚です。そして、この感覚がうまくはたらかないことを**視覚障害**といいます。

　視覚障害には「見えない」と「見えにくい」があります。ただし、メガネやコンタクトレンズを使用したり、座る場所を最前列にしたりすることで解決する程度では視覚障害といいません。エピソード4-3のソウタくんは「見えにくい」でしたが、そのタイプにはいくつかあります。「どのように見えにくいのか」を把

握することは視覚障害のある子どもを保育する第一歩です。

❖視力障害

　エピソード4-3のJ先生のように、「視覚障害と視力障害は同じもの」と誤解している人は多くいます。ですが、実は同じではありません。視覚障害にはいくつかのタイプがあり、そのうちのひとつが**視力障害**という関係です。

　視力とは、目の前にある物がはっきりと見えるか、もしくはぼやけて見えにくいことをいいます。遠く離れるとぼやけて見えにくくなりますし、メガネやコンタクトレンズを使用している人は、それらをはずすとぼやけて見えにくくなります。視力の程度はランドルト環を用いた視力検査で測定することができます（図4-8）。

＊ランドルト環の一番大きいマークの切れ目を5m離れた位置から確認できた場合、視力は0.1となる。
＊3歳児健診（→p.185）など、上下左右を口頭で伝えられない年齢の場合は、「ランドルト環の切れ目を指さしで示す」「車や動物などの絵を見て答える」などの検査方法を用いる。

図4-8　ランドルト環を用いた視力検査

　視力障害の法律上の定義は医療・福祉領域と教育領域で異なります。身体障害者福祉法では、メガネやコンタクトレズを使用した**矯正視力**が、①左目も右目も0.1以下、②片目でそれぞれ0.02以下と0.6以下と定義しています。また、学校教育法施行令においては、矯正視力が両目で0.3未満と定義しています。一般的には、「視力障害は矯正視力が両眼で0.3未満であり、日常生活に困難さを感じること」とされています。

視力障害には盲と弱視があります。盲も弱視も、法律上の定義は統一されていません。一般的には、「盲は矯正視力が両眼で0.02未満」「弱視は矯正視力が両眼で0.02以上0.3未満」としています。これが「見えない」と「見えにくい」の境界線です。

❖視野障害

　視野とは見える範囲のことをいいます。物から離れていくとぼやけて見えにくくなりますが、代わりに視野が広がります。**視野障害**とは、物がはっきりと見える範囲がほかの人に比べて限られることをいいます。視野障害のある人は足下が見えにくくてつまずいたり、視野の外から近づいてくる人や自転車に気づかなかったりして、ケガや事故に巻き込まれる危険性が高いといえます。

　視野障害の定義は、身体障害者福祉法では、①左目も右目も視野が10度以内、②両目で見える範囲のうち半分以上が見えないとされ（図4-9）、学校教育法施行令では、具体的な定義が示されていません。

　視野障害には視野 狭 窄と中心暗点があります（図4-10）。視野狭窄とは、はっきりと見える範囲が視野の中心部分に限定され、視野の周辺部分が見えにくくなることをいいます。中心暗点とは、視野狭窄の逆で、視野の中心部分が見えにくくなることをいいます。

　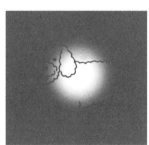　

正常な見え方　　　　　　　視野が10度以内　　　　　　半分以上が見えない

図4-9　視野障害の場合の見え方

067

第4章　障害の理解と保育2

正常な見え方　　　　　　　視野狭窄　　　　　　　　中心暗点

図4-10　視野狭窄と中心暗点がある場合の見え方

❖光覚障害

　光覚とは明るさを感じる感覚のことをいいます。明るさの調整は目の瞳孔（どうこう）を広げたり、絞ったりすることでおこないます（図4-11）。**光覚障害**とは明るさの変化に目が慣れるまでに時間がかかることをいいます*。

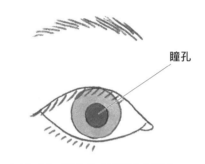

瞳孔

図4-11　明るさを調節する瞳孔

　光覚障害には、暗順応障害と明順応障害があります（図4-12）。暗順応障害とは暗い場所に行くと暗さに目が慣れるまでに時間がかかり、見えにくい状態が長く続くことをいいます。一般的には、夜に部屋の明かりを消すと一時的に視力や視野が低下しますが、少しずつ見えるようになります。暗順応障害の場合、視力や視野が低下した状態が長く続きます。明順応障害とは暗順応障害の逆で、明るい場所に行くと明るさに目が慣れるまでに時間がかかり、見えにくい状態が長く続くことをいいます。一般的には、日差しの強い屋外へ出るとまぶしくて目を開けにくくなりますが、少しずつ目を開けられるようになります。明順応障害の場合、明るさに対して痛みを感じることもあります。

＊光覚障害は、身体障害者福祉法や学校教育法施行令などの法律においては、具体的な定義が示されていません。

| 正常な見え方 | 暗順応障害 | 明順応障害 |

図4-12　暗順応障害と明順応障害の見え方

【2】 視覚障害の評価の方法

❖視力の評価

　一般的な健康診断でおこなわれるランドルト環を用いた視力検査は比較的簡単に実施することができ、家庭でも実施可能です。片目でランドルト環をどの小ささまで見ることができるかを調べるのですが、左目と右目の視力の差がどれぐらいあるかを評価することも大切です。左右の視力差が大きい場合、両目ともに視力が低下しやすくなります。

　子どもの視力は6歳までに完成します。そのため、6歳よりもできるだけ早い年齢で視力の問題を見つけ、対応していくことが重要です。各自治体が実施する3歳児健康診査（→p.185）で視力が0.5以上あれば、小学校に入学するまでに視力が問題なく完成するといわれています。

❖視野・光覚の評価

　視力障害と比較して、はっきりと見える範囲が限られる視野障害や、明るさの変化に目が慣れるまでに時間がかかる光覚障害はあまり重要視されていません。しかし、視野や光覚に障害があると、ケガや事故、子ども同士のトラブルなどが生じる可能性が高くなります。子どもの見える範囲やちょうどいい明るさを把握しておくことで、絵本を提示するときに保育者の立ち位置を配慮したり、室内から屋外へ移動する際に明るさに目が慣れるように工夫したりすることができます。保育者の配慮や工夫によって、視野障害や光覚障害のある子どもの園生活がスム

ーズになります。

　視野や光覚の評価は子どもに直接聞いて確認します。たとえば、絵本や玩具を提示する際に位置や明るさを変えながら、子どもに見えるか見えないかを確認します。また、保護者から情報を集めたり、日常的に子どもの行動を観察したりしておくことが、視野や光覚のより正確な評価につながります。

❖医療機関へつなげる

　視覚障害の状態をより正確に評価するためには、専門の知識や機器が必要です。子どもの視覚のことで気になることがあれば、保護者との情報交換を密にして、場合によっては医療機関への受診を提案します。視覚障害のある子どもは同じ場所で長く過ごしていると、「砂場はここにある」「この雰囲気は○○先生だ」などと、視覚以外の情報を使ってその場の状況を理解することがあります。エピソード4-3のJ先生のように、「初めての場所で慣れていないから困っていただけで、最近はスムーズに過ごしている。きっと見え方には大きな問題がないんだ」と安易に判断してはいけません。

*精密検査では子ども一人ひとりの見えにくさに合わせて、眼球運動検査（目の動き方）、両眼視検査（写真を見るときのような平面的な見え方ではなく、立体的に見えているか）、屈折検査（遠近の焦点の合わせ方）などをする。

図4-13　視覚の精密検査

4. 言語障害の理解と保育

▶*Episode 4-4*◀ 笑顔で隠す不安な気持ち

　保育所で実習をしているKさんは、実習期間の半分が終わり、配属された3歳児クラスの園児のそれぞれの特徴がわかり始めました。Kさんはクラスの園児全員の顔と名前を覚え、「○○くん、おはようございます」と園児の名前を呼んであいさつするようにしました。すると、多くの園児は元気な声で、「K先生、おはようございます」と返してくれました。

　しかし、シンゴくんは笑顔のまま、あいさつをせずに通り過ぎました。気になったKさんは保育時間中にシンゴくんの様子を観察することにしました。シンゴくんは同じクラスの友だちや保育士たちと一緒に過ごしましたが、どの場面でも表情があまり変わらず、一度も声を出しませんでした。「先生からの声かけに対しては周りの子どもたちと同じように動いていたから、ことばの理解はできているんだろうな。たまたま話さなかっただけかな」とKさんは考え、そのことを実習日誌に書きました。

　翌日、実習担当の保育士から、「私もシンゴくんの声を保育所では聞いたことがないけど、家ではたくさんお話するそうよ。シンゴくんのお母さんから、録音したシンゴくんの声を聞かせてもらったことがあるけど、はっきりとした口調で話していたよ」と聞き、Kさんは驚きました。

【1】 言語障害とは

　言語は音声言語（話すこと）と文字言語（書くこと）に分けることができます。また、言語は表出性（自分の気持ちや考えを話したり書いたりすること）と受容性（他者が話したり書いたりした内容を理解すること）に分けることもできます。

　一般的な子どもの**言語障害**としては、自分の気持ちや考えを話すことがうまくできない、すなわち音声言語の表出性に関する問題が多く取り上げられます。なお、言語障害と区別が難しいものとして、知的障害（第3章参照）や発達障害のひとつである学習障害（第6章参照）があります。言語障害のある子どもの場合、音声言語の表出性に関する問題が中核症状であり、物事の理解や身体運動などその他の多くのことは年齢相応にできます。

表4-4　言語の特徴（一部）

形態	音声言語	文字言語
機能	表出性	受容性

＊子どもの言語障害は □ に関する問題

　言語障害の定義は医療・福祉領域と教育領域で異なります。医療・福祉領域の定義を定める身体障害者福祉法では、言語障害を音声機能・言語機能の障害としてとらえ、①音声をまったく発することができない、もしくは音声を発することができたとしても他者と会話するための言語機能を喪失している、②音声や言語のみで他者とコミュニケーションすることが困難であると定義しています。また、教育領域の定義を定める「障害のある児童生徒の就学について（文部科学省初等中等教育局長通知）」では言語障害を、①構音障害（発音に誤りや不明瞭さがあり、話し言葉の表出のみでは他者とのやりとりに支障をきたすこと）、②話し言葉におけるリズムの障害（吃音を含む）、③言語機能の基礎的事項に関する発達の遅れと定義しています。

【2】 場面緘黙とは

　緘黙とは、口を閉じて何も言わない状態を指します。しかし、話すための器官（発声器官）やことばの理解には大きな問題がありません。エピソード4-4のシンゴくんは、家では家族と問題なく話すことができるのに保育所では話すことがで

きません。シンゴくんのように、安心できる場所で安心できる人とであれば声を出して話すことができ、それ以外の場面では一貫して話すことができないことを**場面緘黙**といいます。なお、場面緘黙の子どもは安心できる場所で安心できる人がいる（例：自分の家で家族がいる）場面でも、そのほかの人（友だち、保育者など）が加わると話すことができなくなります。場面緘黙は2〜5歳に発症しやすいとされています。場面にかかわらずすべての場面で話せない場合は全緘黙とされます。

人見知りのように「よく知らない人と話すのが苦手。だから話さない」ではなく、場面緘黙は「人と話したい。なのに、うまく声を出すことができない」という気持ちと行動の不一致があります。また、場面緘黙の多くは先生や友だちと話すことができていたのに、少しずつ話すことができなくなります。場面緘黙は次のように定義されています。

①ほかの状況では話すことができるのに、特定の状況では一貫して話すことができない。

②場面緘黙によって、学校や仕事に関する成績またはコミュニケーション上の支障がある。

③場面緘黙の状態が1か月以上継続する（ただし、新しい環境の最初の1か月のみの場合は含めない）。

④話すための知識が不足していること、または話すことが楽しくない状況ではない。

なお、場面緘黙の新しい定義では、本人が感じる強い不安に原因があるとされるようになりました。かつては保護者の育て方（児童虐待もしくは過保護）やトラウマ（身体的、心理的に強い衝撃を受けたことによる心の傷）が原因であると誤解されていました。保育者やそのほかの支援者（学校の教員、育児相談員など）のなかにも、保護者の過保護が原因と考える人が今なお多くいます。家では話すことができるのに保育所では一切話さないわが子を見て、保護者が「保育所の先生の対応に問題があるのではないか」「将来いじめられないだろうか」と心配するのは当然です。このような保護者が心配する気持ちを理解することも場面緘黙を正しく理解するポイントのひとつです。

073

【3】吃音とは

たとえば「ばなな」と声を出すとき、「ば、ば、ばなな」「ばー…なな」「……ばなな」のようにスムーズに話すことができないこと（流暢性の問題）を**吃音**といいます。

吃音にはさまざまなタイプがあります。たとえば、話し始める最初の音をうまく出すことができない人もいれば、特定の音のみをうまく出すことができない人もいます。吃音の多くは最初の音や特定の音をうまく出すことができないものの、そのほかの音はスムーズに出すことができます。また、文章を読むときや歌うときはスムーズに音が出やすいとされています。つまり、周りの人は吃音のことを「問題なく話すことができているのに、どうして詰まるの？」となかなか理解することができません。そのため、「きちんと話しなさい。スムーズに話すまでやり直ししなさい」と誤った対応をしてしまいます。

吃音は次のように定義されています。

①流暢性の問題（音が繰り返される、音が長く伸びる、音が途中で詰まる、最初の音が遅れるなど）がその人の年齢や言語能力に相応ではなく、長期間にわたって継続する。

②吃音によって、話すことへの不安、コミュニケーションや社会参加の制限、学校や仕事に関する遂行能力の制限のうち、どれかひとつ以上を引き起こす。

吃音の原因はあまり解明されていません。かつては心理的な緊張が原因であると誤解され、「吃音を意識させないように」「厳しいしつけや指導をしないように」といわれてきました。ですが、研究調査の結果から、心理的な緊張は吃音にあまり影響しないことが明らかになりました。

吃音のある、もしくは吃音の可能性のある子どもへの対応は、①会話場面ではゆったりとした気持ちで対応する（ゆっくりと子どもに話しかける、子どもからの応答を急かさないなど）、②子どもに「ゆっくり、落ち着いて」などのことばをかけない（そのことば自体が子どもにとってプレッシャーになるため）、③ことばづかいを無理に直さず、「話したい気持ち」を大切にする（ことばの言い直しは子どもの「話したい気持ち」を小さくしてしまう）、④吃音のある子ども本人やその保護者の同意を得られたら、周りの子どもたちに吃音のことを説明する（吃音はから

かうものではない、話したい気持ちが大切であるなど）があります。

【4】 言語障害のある子どもの保育

❖言語障害と向き合う

かつて言語障害への対応は「いつか自然に治る」「言語障害のある子どもが話さなくてもいいように配慮する（全員が発表するとき、言語障害のある子どもの順番をとばすなど）」とされてきました。このような言語障害を避ける対応では、言語障害が長期化した場合に二次障害（障害への誤った対応によって引き起こされる二次的な問題）が生じます。言語障害のある子どもは心因性の頭痛や腹痛を繰り返したり、孤立感や自責感によって意欲を低下させたりします。

そのため、保育者が言語障害と正しく向き合うことが大切です。言語障害のある、もしくはその可能性のある子どもやその保護者は「一時的なもので、そのうち治る」ととらえたり、そうあってほしいと願ったりします。その気持ちを理解した上で、言語障害を早期に発見して適切に支援することは状況の改善につながります。保育者のみで判断せず、保護者に家での様子を確認した上で、言語の発達を専門とする医師や言語聴覚士に助言を求めましょう。

❖当事者の気持ちを知る

言語障害のある子どもはうまく話すことができるときもあります。そのため、周りの人はその子どもに「どうして話すことができないの？」とよく質問をします。しかし、その子ども自身にもうまく話すことができない理由がわかりません。いろいろな人に同じ質問を繰り返しされると、自分が責められているように感じ、落ち込んだり怒りが爆発したりしてしまいます。

このような言語障害のある子どものつらさや苦しみを正しく知ることが大切です。保育者が子どもの気持ちを想像したり推測したりして対応すると、そのやさしさや配慮が言語障害のある子どもの思いとずれる場合がよくあります。なので、事前に時間をとって、「どうしたいか」を子ども本人に確認しましょう。子どもによっては「どうしたいか」と質問されても、何を答えればいいかがわからない場合もあります。そのような場合には、いくつかのアイディアを提示して子どもが選ぶようにします。そのアイディアを考える際、言語障害のある当事者の気持

ちが書かれた書籍などが参考になります。

❖自然に歩み寄る

周りの人は言語障害のある子どもに「うまく話せるようになってほしい！」と思うものです。ですが、その強い思いをそのまま行動に移した場合、言語障害のある子どもにとってはプレッシャーになることがあります。周りの人は言語障害のある子どもへの対応を特別なことと気負わず、自然に目を見て話しかけましょう。

言語障害のある子どもはうまく話すことができなくても、ひとりで過ごしたいわけではありません。ほかの子どもと同様、みんなと一緒に過ごしたい、遊びたいという気持ちをもっています。話さなくても対話が成り立つように、うなずいたり首を横に振ったりして反応できるようなかかわりを考えましょう。子ども同士が楽しく交流し、それぞれの「らしさ」を磨き、互いに歩み寄る関係を育てていきましょう。

【演習課題】

1. エピソード4-1ではミクちゃんが怒りだしてしまいました。このことについて、H先生はどのような工夫や配慮をすればよかったのでしょうか。

2. エピソード4-2では保育士の先生が「子どもと目が合ったことを確認してから……」とアドバイスしました。この確認の具体的な仕方について、場面を想定してロールプレイをしてみましょう。

3. エピソード4-3のソウタくんは日常的によく使う棚やフックの場所をすぐ覚えましたが、友だちが投げ渡してくれたボールをうまくキャッチできませんでした。この違いはなぜ起こるのでしょうか。

4. エピソード4-4のシンゴくんは保育所で話したことがありません。同じクラスの友だちがシンゴくんに「お話ししてよ！」と怒った場合、保育士としてどのように対応しますか。

第5章 発達が気になる子どもの理解と保育

▶*Episode 5*◀ **活発すぎるカズキくん**

　カズキくんは保育所に通う4歳10か月の男の子です。1歳で入園した当初から活発な姿が見られましたが、しばしばほかの子どもを叩いたり引っかいたりすることが多く、保育者は目が離せませんでした。

　4歳児クラスになると、カズキくんの落ち着きのなさはさらに目立つようになりました。集まりのときも常に身体を動かしたり、大声を発したりしています。また、ロッカーの上から飛び降りることを好んで繰り返すようになり、一部の友だちも同調して一緒にあそびはじめました。保育者がカズキくんを落ち着かせようとすると、「だって、ぼく静かにできないんだもん」などと言って保育者に甘えたり、「どうせぼくなんかダメな子なんだ。いなくなっちゃえばいいんだ」などと自らを卑下することばや態度がたびたび見られます。

　担任の保育者はカズキくんの様子が気になり、母親と面談の機会をつくって話をしました。しかし母親は、「カズキは、3歳の乳幼児健康診査（→p.185）でも何も指摘されていません。夫もこの子のお姉ちゃんも、小さい頃は落ち着きがなかったんですよ」と言い、カズキくんの様子を心配している様子は見られません。

1. 発達が気になる子どもとは

　エピソード5に登場した保育者は、カズキくんの様子が気になったため保護者との面談をおこないました。なぜ「気になった」のか、エピソードの場面を想像しながら考えてみましょう。

　カズキくんは、保育者と個別にやりとりができています。また、ロッカーの上から何度も飛び降りたり、友だちと一緒にあそんだりもしています。このような姿を、第2章で学んだ**発達評価**に照らし合わせてみてください（→p.25-）。カズキくんの場合、知的発達（ことばのやりとり）、運動発達、社会性の発達などに大きな遅れはないようです。その一方で、他児に手をあげてしまう、集まりで落ち着いていられないといった姿から、集団のなかで保育をする上で配慮が必要だと考えられます。

　このように、会話や思考、身体活動や社会性の発達において目立った遅れは見られないものの、集団活動でほかの子どもに合わせることができない、周囲の様子を理解できない子どもがいます。保育のなかでは、以下に示すような姿が「気になる」様子としてとらえられることがあります。

　・会話のなかで質問と答えがかみ合わないことがある。
　・体当たりをしたり、高いところから飛び降りることを好む。
　・嫌なことがあると奇声を発し続けたり、大騒ぎをする。
　・活動がなかなか切り替えられない。

発達が気になる子どもに共通する特徴に、「不器用さ」があります。この「不器用」には、身体だけでなく、自分の気持ちをコントロールすることも難しいという意味も含みます。また、自分のおかれている立場や他者の気持ちなどを理解することが難しい場合もあります。これは対人関係の不器用さといえます。

　このような不器用さの背景には、**身体感覚**の歪みや偏りがあるということが近年の研究でわかってきました。そこで、続いてはこの身体感覚の歪みや偏りと、それを改善する保育の方法について説明をします。

2. 身体感覚の偏りと不器用さ

〖1〗 情報入力としての五感

　私たちは生活のなかで、常に何かを見たり聞いたりしています。この**視覚**や**聴覚**と、**味覚**（味わう）、**触覚**（触れる）、**嗅覚**（におう）という外界を感じるはたらきをあわせて**五感**と呼びます。私たちは五感を通じて外界の情報をとらえ、理解しながら生きています。しかし、発達が気になる子どもの多くは、五感に歪みや偏りがあるために外界とうまくかかわれないことがわかってきました。

　五感の歪みや偏りとは、情報が多く入りすぎたり、十分に入ってこないことがあるという状態を指します。前者は敏感、後者は鈍感ということです。誰にでも多少の感覚の敏感さ、鈍感さはあるのですが、この程度が大きくなり、生活に影響を与える場合には「**過敏**」や「**鈍麻**」と呼ばれる状態になります。五感が過敏あるいは鈍麻な幼児は、保育のなかでどのような姿を見せるのでしょうか。表5-1で、具体例を見てみましょう。

表5-1 五感の過敏・鈍麻と子どもの姿

五感	感覚が過敏な場合	感覚が鈍麻な場合
視覚	集中できない／気が散りやすい →・じっとしていられない、落ち着かない ・あそびが次々に移り変わる	広い視野で周囲を見渡せない →・持ち物を揃えることが苦手（忘れ物が多い） ・物を落としても気がつかない ・周囲の動きに気がつかず、活動から取り残されてしまう
聴覚	周囲の人にとっては普通の大きさに聞こえる音でも、非常に大きく感じられる →・歌やリズムあそびのときに耳をふさぐ ・友だちが多く集まっている場所を避ける	自分に向けられた話に気がつかない →・クラス全員で保育者の話を聞いている最中に他児に話しかけたり、自分がしたい話をする ・指示が長くなると後半が理解できない（「手を洗って鞄を持って来てね」という教示をすると、手を洗うだけで待っているなど）
触覚	周囲との接触を避けようとする／偏食が激しい →・友だちが近づいてくると嫌がって逃げたり、接触を避けるために手を出したりする ・集まって座るときに肌が触れるのを嫌がり、立ち上がったり立ち歩いたりする ・ネバネバ、ベタベタした食感の食べ物を避ける	強い力でさわったり、何度もさわったりする →・相手が嫌がっていても頭や顔をべたべたとさわったり、友だちや保育者にすぐに抱きつく ・強い刺激を得るために友だちにぶつかったり、ロッカーなどの上から飛び降りたりする
嗅覚	特定のにおいを嫌がる →・食事のとき、苦手なにおいのするものを顔に近づけただけでも吐き気を催す	特定のにおいの刺激を求める →・スーパーマーケットなどで売り物のにおいを逐一かいで回ったりする ※園では気になる様子が現れることが少ない
味覚	特定の味を嫌がる →・食事のとき、味が混ざることを嫌がる ・白米だけを食べるなどといった偏食が見られる	強い味覚刺激のものを好んで食べようとする →・からいものなどを好む ※園では気になる様子が現れることが少ない

【2】 五感の偏りへの対応と援助

❖落ち着いて過ごせる環境を設定する

　表5-1に示したように、五感が過敏な子どもの場合、その感覚刺激に注意が誘引されたり、避けようとしたりする姿が見られます。このような場合、保育者は感覚刺激が過度に入らないように環境を調整する必要があります。たとえば聴覚が過敏な子どもに対しては、クラスでの活動時に少し間隔を空けて席を作る、個別に静かな環境を用意するといった工夫ができるでしょう。

　このような環境設定をする際に、「苦手な感覚刺激に慣れさせよう（克服させよう）」などと考えてはいけません。これは子どもにとっては苦痛でしかなく、繰り返し刺激を与えられると、登園自体を嫌がることにもつながります。

❖バランスがとれている感覚を生かす

　保育の環境設定をおこなうとき、基本的には活動に集中できる環境をつくります。たとえば保育者が素話をするときは、子どもが集中して聞けるような環境を整えます。短い歌や手あそびを取り入れて「お話が始まる」という導入をしたり、カーテンを引いて静かな空間にするなどの配慮をします。

　一方で、感覚が過敏な子どもに対しては、この考えを逆転させた配慮が望まれます。たとえば偏食が激しい子どもは、嗅覚や触覚、味覚の過敏さが考えられます。そこで、過敏になっている感覚だけに集中しないように、ほかの感覚を刺激するのです。具体的には、その子が大好きな絵柄や色の弁当箱を使って、視覚（過敏な感覚以外の五感）を刺激することなどが考えられます。このような配慮によって、過敏な感覚への注意が弱くなることがあります。

一方、鈍麻な感覚がある子どもの場合は、刺激に気がつかなかったり、強い刺激で補おうとする姿が見られます。たとえば触覚が鈍麻な子どもであれば、友だちをベタベタとさわる、ロッカーの上など高いところから飛び降りるといった行動を好むことがあります。このような行動に対して、周りの子どもが嫌がったり、保育者が気になる行動ととらえる場合があります。このような場合には、友だちに影響を与えないようなかたちで感覚刺激を満たすと、行動が落ち着いてくることがあります。以下に、対応と援助の具体例を示します（表5-2）。

表5-2　五感の偏りへの対応と援助の例

五感	偏り	保育中に見られる姿	対応の例
視覚	過敏	集中できない 気が散りやすい	集まりのときには、最前列の保育者の目前に誘導する。他児が見えにくくなるため、目に入る視覚刺激が減じられる。
	鈍麻	周りに気がつかない	集まりのときには、最前列の保育者の目前に誘導する。保育者のはたらきかけがより明確にわかるようにする。
聴覚	過敏	大きな音を嫌がる 騒がしいと落ち着かない	集まりのときには、参加できる範囲で少し離れた場所に誘導する。また、制作など個別の活動は、他児が少なくなった状況で取り組めるようにする。
	鈍麻	声かけに気づかない 保育者からの質問と子どもの答えがかみ合わない	集まりのときには、保育者の目前などに誘導し、声かけに気づきやすくする。また、一対一で話しかける。教示や質問を短くして話しかける。
触覚	過敏	友だちと接近することを嫌がる	集まりのときには、友だちと距離を置いて座らせたり、列の端などに席を設定する。
	鈍麻	友だちにベタベタとさわる 何でも口に入れてあそぶ	事前に触覚刺激を与えることで、触覚刺激への欲求を満たすはたらきかけをする。
嗅覚・味覚	過敏	特定のにおいや味を嫌がる 偏食が激しい	ほかの感覚刺激を利用することで、嗅覚や味覚に対する注意をそらすようにする。ほかの食べ物に混ぜるなどして、特定のにおいや味に気づきにくくする。
	鈍麻	特定のにおいをかいで回る	事前に嗅覚刺激を与えることで、嗅覚刺激への欲求を満たすはたらきかけをする。

保育実習や教育実習で五感に偏りのある子どもに出会った場合、あなたならどのような配慮ができるでしょうか。子どもたちがより安心して園生活を送ることができるように、実践的に考える習慣をつけていきましょう。

【3】 姿勢や動きをつくる体性感覚

身体感覚には、情報を感じる五感のほかに、姿勢や動きをつくる**体性感覚**があります。読者の皆さんは、今、椅子に座っていますか。よい姿勢を意識してみてください。姿勢を意識すると、背筋をまっすぐに伸ばしていることに気づくでしょう。このように、よい姿勢で座る際にはバランスに関する感覚がはたらいています。これは**前庭感覚**と呼ばれます。

また、姿勢を意識したとき、身体のどの部分に力が入りましたか。身体をどのような形にしてどの部分に力を入れると安定するかという、力のコントロールに関する感覚もはたらいています。これは**固有受容覚**と呼ばれます。私たちはこのような体性感覚を利用することで、姿勢や動きをつくることができています。

姿勢や動きをうまく保てず、身体活動が不器用な子どもは、このような体性感覚に偏りがあると考えられます。

では、体性感覚に偏りがあると考えられる子どもの具体的な姿について見てみましょう（表5-3）。

表5-3　体性感覚の偏りと子どもの姿

前庭感覚に偏りがある場合	**バランス感覚はよいが、少しスピードが出ても怖がる（過敏）** →・ブランコを大きく揺らすと怖がる **姿勢を保つことや、スムーズな移動が難しい（鈍麻）** →・移動中によく転んだり、友だちにぶつかったりする 　・いつのまにか寝転んでいたりする
固有受容覚に偏りがある場合	**自分の身体の位置（ボディイメージ）をとらえにくい** →・人や物にぶつかる 　・布団カバーに入り込み、外から強い圧力を受けることで安心する **声の大きさや力のコントロールが難しい** →・物をそっと握ることができず、おもちゃなどを壊してしまう 　・場面を問わず大声で話す

【4】 体性感覚の偏りへの援助

前庭感覚や固有受容覚といった感覚は、それを使う経験を重ねることで育まれます。すなわち、前庭感覚や固有受容覚に偏りがある子どもは、その感覚を含む動きを、あそびや生活のなかで無理なく経験することが大切です。

たとえば、前庭感覚に偏りが見られる子どもであれば、バランスボールや巧技台の一本橋などを用いて、バランスを必要とするあそびを多く経験できるとよいでしょう。固有受容覚に偏りが見られる子どもであれば、かくれんぼのような身体部位を意識するあそびや、身体部位に力をかけるあそび（押す・引く、飛び降りる・よじ登るなど）などが考えられます。みなさんも考えて、アイディアを整理しておきましょう。

ここでひとつ、気をつけておきたいことがあります。それは、体性感覚に偏りのある子どもは、その苦手とする感覚が含まれる動きを避ける傾向があるということです。したがって、子どもがより自発的に活動に取り組めるように保育者が工夫をする必要があります。

一例としては、自然を体験できる場や園庭などの野外環境であそぶということがあげられます。野外ではさまざまな動きを含むあそびが展開でき、また、子どもの興味・関心を引く素材が豊富にあります。子どもの体性感覚は、自発的な活動のなかで経験されることで、よりその向上が図られます。

3. 自己有能感を育む

【1】自己有能感とは

　エピソード5で、カズキくんは「どうせぼくなんか…」と、自らを卑下することばや態度を見せていました。

　前述したとおり、いわゆる「発達が気になる子ども」は、知的機能や運動機能、社会性などの発達にはそれほど偏りがない場合があります。そのような子どもは、自分がしている行動が周囲にとっては好ましくないことだと理解しています。そして、わかっていながらそれを止められない自分に対して自信を失ってしまうのです。また、ことばのやりとりがある程度できるため、大人からはいっそう「（わかっていて）いけないことをする子ども」「困った子ども」と見なされやすくなります。結果として、自己有能感が低くなりがちです。

　自己有能感とは「自分はやればできる」と感じることです。自己有能感は生活のなかで、うまくいった、うまくできたという経験（成功体験）を重ねることにより育まれます。保育のなかでは、この自己有能感を育むかかわりをすることで、子どもが自分の感情コントロールや課題へ自発的に向き合おうとする気持ちを高めることができます。

【2】自己有能感を育む保育者のかかわり

　子どもの自己有能感を育む保育者のかかわりとしては、大きく2つのポイントがあります。

❖ 子どもが成功体験を重ねられる環境をつくる

　成功体験とは「できる」「できた」という経験なので、子どもが「できそうなこと」を環境として設定するということが例として考えられます。また、自分がかかわったことで環境が変化するという経験も、ひとつの成功体験です。

発達が気になる子どもに対して、保護者や保育者は動きに制約をかけることが多くなりがちです。しかし、これでは直接的な経験を重ねるきっかけを得ることができません。たとえば野外で思いきり身体を動かす場を設定するなど、「この場面であれば、やってもよい」という場所と時間を保育者が保障していくことが大切です。

❖ 周囲の人がほめる

子どもに限らず、私たち大人も、ほめられればうれしいものです。エピソード5のカズキくんは、集まりの場面で大声をあげることが多くありました。保育者が「静かにしてね」と声をかけた後、「ちぇっ」と言ってふてくされていたとしたらどうでしょう。あなたが保育者なら、カズキくんにどう声をかけますか。

この場合、カズキくんはふてくされていますが、結果的に静かにしています。そこをほめてあげるのです。「いつもそうしていてね」などと教示を重ねるのではなく、「今日は静かにしていられたね」と、カズキくんの行動を振り返り、それをほめることが大切です。このように、子どもが「できる」「できた」と感じられるかどうかは、保育者のかかわりに大きく左右されます。保育者の配慮によって、子どもは自己有能感を育んでいくことができます。

【演習課題】

1. バランスを必要とするあそびや、身体部位に力がかかるあそびには、どのようなものがあるでしょうか。グループで話し合ってリストをつくってみましょう。

2. ロッカーの上など、高いところから飛び降りることを好む子どもに対しては、どのようなかかわりをすると行動が落ち着くでしょうか。考えてみましょう。

第6章 障害の理解と保育3
——自閉スペクトラム症／学習障害／注意欠如多動症

▶ *Episode 6-1* ◀ **落ち着きのないヨウスケくん**

　小学校の2年2組に在籍するヨウスケくんは、授業中いつも立ち歩いていたり、友だちにちょっかいを出したりするなど、動きが多い子どもです。また、友だちを叩いては、その反応を楽しむ姿もあります。

　担任教員は、「叩かないよ」「席に座りますよ」「今は話をしないよ」などとヨウスケくんに話しますが、気づく様子もなく動き回っています。また、自分の気持ちが高ぶると大声で叫んだり、周りの状況に関係なく興味のあることを始めるので、担任もその指導に苦慮しています。

1. 気になる子どもと発達障害

　冒頭であげたのは小学校でのエピソードです。ヨウスケくんは知的発達に遅れがなく通常の学級に通っているものの、学校生活を送る上で、行動面や学習面に困難があるようです。昨今、このような子どもの多くに**発達障害**の傾向があることが指摘されています。2022（令和4）年に文部科学省がおこなった調査＊では、小学校・中学校の児童・生徒の約8.8％が「学習面又は行動面で著しい困難を示す」という結果が出ました。

　発達障害は、法律上では2005（平成17）年施行の**発達障害者支援法**に定義されています。この法律では、①自閉症、アスペルガー症候群、その他の広汎性発達障害、②学習障害、③注意欠陥多動性障害が発達障害に含まれるとされました。

　さて、障害の診断は原則として医師がおこないますが、診断には共通の基準があります。その基準として国際的に使われているものが、**DSM**（Diagnostic and Statistical Manual of Mental Disorders）です。これは、米国精神医学会が作成する精神に関する疾病の診断基準であり、日本でも『精神疾患の診断・統計マニュアル』として翻訳されています。

　DSMは定期的に見直され、改訂されてきました。2013（平成25）年には**DSM-5**（第5版）が発表され、さらに2023（令和5）年にはその本文改訂版（**DSM-5-TR**）が発表されました。本書では原則としてDSM-5-TRの診断名を用いていますが、保育の現場ではDSM-IV-TR（第4版改訂版）の診断名を用いている場合も想定されますので、あわせて説明をしていきます。

＊文部科学省「通常の学級に在籍する特別な教育的支援を必要とする児童生徒に関する調査結果について」、2022

DSMは、2000（平成12）年の第4版改訂版（DSM-IV-TR）以来、13年ぶりに改訂され第5版となりました。さらに第5版の発表から10年経った2023（令和5）年には、その本文改訂版（DSM-5-TR）が発表されました。この改訂版では、DSM-IV-TRで「自閉症、アスペルガー症候群、その他の広汎性発達障害」としていた障害名は「自閉スペクトラム症」に名称が変わりました。また、「学習障害」は「限局性学習症」に、「注意欠陥多動性障害」は「注意欠如多動症」に変わりました。

2. 自閉スペクトラム症の理解と保育

▶ *Episode 6-2* ◀ 並べた電車のおもちゃを眺め続けるワタルくん

保育所の4歳児クラスにいるワタルくんは、電車のおもちゃを並べてあそぶことが大好きです。いつも一列に長く並べては、床に寝そべってそれを眺めて楽しんでいます。

今日も同じようにあそんでいるワタルくんに、担任のL先生が「長くつながったね」と話しかけました。しかしワタルくんは答えず、電車を眺め続けています。そこに同じクラスのケンスケくんが近づいてきました。ケンスケくんは床の電車に気づかず、並んでいたのを崩してしまいました。するとワタルくんは気持ちが崩れてしまい、大声で叫んだり暴れたり、大騒ぎになってしまいました。

ワタルくんは日頃から友だちとのかかわりに興味を示さず、特定のフレーズを繰り返し口ずさみながらウロウロしていたり、同じ図鑑を何度も見たりしています。また、リズムあそびが始まると耳をふさぎながらその様子を見ていたり、テーブルの下に隠れたりするなど、活動に参加することがあまりありません。

【1】 自閉スペクトラム症とは

　自閉スペクトラム症（ASD：Autism Spectrum Disorder）には、DSM-IV-TRで自閉症、アスペルガー症候群、広汎性発達障害とされていた障害が含まれます。これらの障害と診断される子どもは、対人関係の障害、コミュニケーションの障害、想像力の障害のうちの一部あるいはすべてをもっています。

❖対人関係の障害

　・友だちなど他者への興味がなかったり、興味や関心を共有することが苦手
　・周りの状況や様子を読むことが苦手

　エピソード6-2のワタルくんは、いつもひとりで電車のおもちゃを並べてあそんでおり、L先生が話しかけても応答しませんでした。このように、周囲に他者がいてもまるでいないかのように振る舞うような姿が見られます。

❖コミュニケーションの障害

　・友だちなど他者へ意思を伝えることや、他者の意思を表情や行動などから読み取ることが苦手
　・他者の興味や関心にかかわらず自分のイメージにあることを一方的に話すため、会話が成り立ちにくい

　ワタルくんは日頃から友だちとかかわる姿が見られませんが、一方で特定のフレーズを繰り返し口ずさんでいました。つまり、ことばを発することはできるのですが、それがコミュニケーションの手段になっていないのです。

❖想像力の障害

　・自分がもっているイメージと違うことが起こったときに適応できない
　・これから起こることや状態の変化などを見通すことが苦手
　・いつも同じ行動を繰り返したり（常同性・常同行動）、同じものを使うことや手続きをすること（同一性）にこだわったりする

　ワタルくんはいつものように電車のおもちゃであそんでいましたが、ケンスケくんがそれを崩してしまうと大騒ぎになってしまいました。これが他児であれば、

ケンスケくんに対して「壊さないで!」と主張をしたり、また作り直したりする
かもしれません。しかしワタルくんは自分のイメージと違うことが起きると気持
ちが不安定になってしまい、どうすることもできなかったのです。

　DSM-IV-TRが診断基準であったときは、これらのすべての特徴が揃うと自閉
症と診断されました。また、いずれかの特徴をもっている場合は広汎性発達障害
と診断されることが多く、さらに知的発達や言語発達には遅れがないと考えられ
る場合には、アスペルガー症候群とされていました。
　しかし、それぞれの特徴は、程度が重いものから軽いものまで連続しており、
境界線があいまいでした*。そのため、障害の特徴や程度から明確に診断をする
際には、しばしば困難がともないました。
　そこで、それぞれの障害の程度からではなく、日常生活のなかでどの程度、ど
のように困っているのかをもとに診断を考えようとしたのが、新しい診断基準で
あるDSM-5およびDSM-5-TRです。
　DSM-5-TRでは、自閉スペクトラム症の特徴として次の2項目をあげています。

❖社会的コミュニケーションおよび相互関係における持続的障害
　・対人関係をつくることが難しく、他者と興味や感情を共有できない
　・身振りや表情などの非言語コミュニケーション行動をとることや、他者のそ
　　れを理解することが難しい
　・人との関係を発展させ、維持することができない
　エピソードでは、ワタルくんが友だちや保育者とかかわることもなくひとりで
あそんでいること、保育者やケンスケくんの言動に対してやりとりが成立しない
ことなどが特徴と一致しています。

❖限定された反復する様式の行動、興味、活動
　・同じような動作を繰り返したり、同じ物を使用し続けたりする
　・手続きや習慣を同じようにすることにも強くこだわり、思考を柔軟に変化さ
　　せることが難しい

---

*このように状態が連続している状態のことを「スペクトラム（連続体）」といいます。

・特定のものに強くこだわる

・感覚刺激に対する過敏さや鈍麻さがある

　これはDSM-IV-TRにおける、「想像力の障害」に近い姿です。ワタルくんの場合、いつも同じ電車のおもちゃで同じようにあそんでおり、また、いつものあそびを崩されるとパニック状態になっていました。また、リズムあそびが始まると耳をふさぎながら様子を見ていましたが、これは聴覚刺激に対する過敏さを表しているといえます。

　DSM-5-TRでは、この2項目の特徴に基づき、「どの程度生活に支援が必要か」という基準で、自閉スペクトラム症の程度を分けています（表6-1）。

表6-1　自閉スペクトラム症の程度

レベル1	支援を要する
レベル2	十分な支援を要する
レベル3	非常に十分な支援を要する

【2】 自閉スペクトラム症の子どもの実際

　これまでにあげてきた自閉スペクトラム症の特徴は、日常生活や保育のなかでは、表6-2に示すような姿で現れます。

表6-2　自閉スペクトラム症の、保育のなかで現れやすい特徴

対人関係をつくることの難しさ
・人見知りをすることや甘え泣きをすることがない、または乏しい ・自分から人にかかわりを求めようとしない ・視線が合いにくい ・表情の変化が乏しい ・送迎の際に保護者とのやりとりがない、または乏しい
言語コミュニケーションの難しさ
・おうむ返し（エコラリア）が多い ・ひとりごとが多かったり、同じことばを何度も繰り返す ・話し方に抑揚がない ・話しかけられたことばの理解が難しい ・ことばの裏の意味（例え話や冗談など）の理解が難しい
興味や関心が狭い限定された行動、イメージが変化することへの適応の弱さ
・特定の遊具や場所（たとえば座る席）に執着する ・予定の変更に柔軟に合わせることが難しい ・自分の顔を叩いたり、くるくる回るなど自己刺激的な行動を繰り返す ・勝ち負けに強く執着する ・はじめての場所に入ることを極度に嫌がる
感覚刺激に対する過敏さや鈍麻さ
・食べ物の好き嫌い（偏食）が激しい ・騒がしい環境では、耳をふさいだり目をつぶったりしている ・友だちに近づかない、また、友だちが近づいてくることを嫌がる

【3】自閉スペクトラム症の子どもの保育

　これまで説明してきたとおり、自閉スペクトラム症の特徴をもつ子どもは他者とのやりとりが苦手なようです。したがって保育のなかでは、周囲とかかわる力を育てて、やりとりを楽しめるようにすることをねらいとします。

❖子どもが自ら周囲に気づくようにうながす

　たとえばエピソード6-2のワタルくんのように、他者とかかわらずに同じあそびを続ける子どもの場合には、まず、<u>保育者が子どもとあそびを共有すること</u>から始めます。とはいえ、急に保育者がワタルくんのあそびに入っていくと、ワタルくん自身がもっているイメージと違うことが起こってしまい、気持ちを不安定にさせてしまうかもしれません。

　そこで、<u>ワタルくんが自分で周囲の環境に気づけるように</u>、保育者が近くで同じあそびをします。子どもは自分のあそびが満たされると、次に周囲に注意が向くようになります（第9章で詳説）。もし、保育者が使っている遊具にワタルくんが手をのばしたとしたら、それは気づきが拡がり、かかわりが生まれたということにほかなりません。さらに、保育者がワタルくんのあそびにかかわることができたり、保育者のあそび方をワタルくんがまねるようになれば、やりとりも始まったということになります。

　自閉スペクトラム症の特徴をもつ子どもの場合、変化が見られるようになるまでに他児よりも時間がかかりますが、上記のような配慮をすることで、子ども自身の気づきをうながすことができます。

❖集団生活のなかで、感覚の過敏さに配慮する

【1】で説明したように、自閉スペクトラム症の特徴をもつ子どもには、感覚刺激に対する過敏さや鈍麻さがしばしば見られます。ワタルくんにも聴覚の過敏さがありました。ほかにも、たとえば偏食の激しい子どもであれば、味覚や嗅覚あるいは触覚などの過敏さが考えられます。このような場合、保育者はどのように援助をしたらよいのでしょうか。

基本的な配慮は、第5章で説明したとおりです（→p.81）。ひとつは、感覚が過敏な子に対して、苦手（過敏）な感覚刺激を無理に経験させないということです。ワタルくんは、テーブルの下で、耳をふさいでいればリズムあそびを見ている（経験する）ことができるのです。無理のないように、その子どものペースで感覚刺激を経験できるよう見守っていくことが大切です。

もうひとつは、苦手（過敏）な感覚以外の五感を生かすという援助です。自閉スペクトラム症の特徴をもつ子どもは、聴覚に対しては過敏さを示す傾向がある一方、視覚的な刺激に対しては理解がよいという特徴があります（第9章のエピソード9-2〔p.134〕も参照）。したがって、保育のなかでは「目で見てわかる」環境をつくることで、このような子どもが生活しやすくなります。

たとえば、これからすることや一日の予定などを、絵カード（図6-1）を用いて提示します。また、自分の持ち物やその置き場所、遊具を片づける場所なども、シールなどを用いてわかりやすく示すことができます。

図6-1　一日の予定を知らせる絵カードの例

3. 学習障害の理解と保育

▶*Episode 6-3*◀ **話がかみ合わないイツキくん**

　年長組（5歳児クラス）のイツキくんは、今日も朝から保育室でゴロゴロして
います。イツキくんは年少組への入園当初からおとなしく、背中を丸めてぼんや
りと過ごすことが多い子どもでした。着替えや食事の準備は自分でできますが、
とても時間がかかります。また活動の切り替え時にはその都度声かけが必要です。
　ある日の朝の会で、担任のM先生がイツキくんに「黄色い果物、なーんだ？」
とたずねると、イツキくんは「きりんだよ」と答えました。また、「鞄を持って
ホールに行くよ」とM先生が声をかけると、鞄を持ったまま立ち尽くしています。
　イツキくんはこのように、質問と回答がかみ合わないことや、話の一部しか理
解をしていないことがたびたびあります。M先生はイツキくんの家庭での様子も
気になり、園での姿について母親に話してみました。イツキくんの母親は、「家
でもボーッとしていることが多いし、園でもほかの子とちょっと違う感じなので
気になってはいます。でも3歳児健診では何も言われてなくて……もう少し様子
をみようかなと思っているのですが」と、次の手立てが見つからない様子です。

【**1**】 **学習障害とは**

　学習障害（LD：Learning Disorder）については、文部省（現文部科学省）が1999
（平成11）年に示した定義があります。これによると、学習障害とは「全般的な
知的発達に遅れはないが、聞く、話す、読む、書く、計算する又は推論する能力
のうち特定のものの習得と使用に著しい困難を示す様々な状態」を指すものとさ
れています。
　エピソード6-3のイツキくんには、保育者の話の一部しか理解をしていなかっ
たり、質問と回答がかみ合わない姿がありました。これは、耳から聞いた話を処
理することが苦手なため、一部分だけしか理解がされていない状態です。
　学習障害の特徴をもつ子どもは、知的発達には遅れがありませんが、読む、書

くなどの一部の能力だけが十分に使えません。

　また、イツキくんがぼんやりと過ごす、保育室でゴロゴロしているといった姿は、自分の身体を支えられないという<u>体性感覚</u>（→p.83）の未熟さを示しています。このように、身体部位を協調させて動かすことが苦手なため、運動に不器用さが見られる子どももいます*。

　学習障害の特徴は学校での教科学習に関連しているため、就学後に明らかになってきます。しかし就学前の子どもにおいても、次に示すような様子から学習障害の特徴をもつと考えられる場合があります。

❖聴覚情報の処理や理解が苦手

　一度に多くのことを話されると、その情報処理が追いつかず話のはじめや一部しか理解できていないことがあります。イツキくんの場合、保育者の話の「黄色」「鞄を持って」の部分だけを理解して行動している姿がありました。これは、私たちが不慣れな外国語を早口で話されているのを聞く状況と似ています。

❖視覚情報の処理や理解が苦手

　手あそびなどを見てまねるのが難しかったり、自分が落としたものや近くにある自分の持ち物を見つけられないことがあります。原因として、周囲への気づきの狭さが考えられます。例えると、常に双眼鏡をのぞきながら生活をしているようなものです。一部分はしっかり見えるのですが、全体像が見えにくかったり、手元や身の回りが見えにくい状況と似ています。

❖運動の不器用さがある

　身体の部位を協調させて動かすことが苦手なことがあります。たとえば、粘土をこねて丸めるときの手の動きを想像してみてください。左手と右手は違う動きをしているはずです。このように異なる動きを協調させることが難しい場合、結果として、動きのぎこちなさや不器用さにつながります。

＊DSM-5-TRでは、運動の不器用さについては、その程度により「発達性協調運動症」とし、それ以外の特徴は「限局性学習症」として扱うことになりました。

❖社会的認知が苦手

　自分と他者との関係や、現在の状況などを理解することが苦手です。そのため、他者の気持ちを読めずに行動したり、みんなが静かにしているときでも大声で友だちに話しかけたりすることがあります。成人だと「場の雰囲気や状況が読めない」「話すタイミングが悪い」「相手と話す距離が近すぎる」「立場の上下関係が理解できない」などの姿がこれにあてはまります。

【2】学習障害の特徴がある子どもの実際

　これまでにあげた学習障害の特徴は、日常生活や保育のなかでは以下のような姿で現れます（表6-3）。

表6-3　学習障害の、保育のなかで現れやすい特徴

聴覚情報の処理や理解が苦手
・自分に向けて話しかけられていることに気づかない ・少し長い文で話されると、一部分しか理解できていない ・話されたことを覚えるのが苦手
視覚情報の処理や理解が苦手
・手あそびや折り紙の折り方などをまねることが苦手 ・探し物を見つけることが苦手 ・自分が落とした物に気づかない ・転がるボールや鬼ごっこの鬼をすぐに見失ってしまう
運動の不器用さがある
・姿勢が悪い ・歩く、走る、転がるなど身体を大きく動かす移動運動がぎこちない ・手先が不器用で、折り紙や粘土など手先を使った細かい作業が苦手
社会的認知が苦手
・集まりのときなど、状況にかまわず自分の話を始める ・送迎に来る多くの保護者に、臆することなく話しかける ・友だちの気持ちを理解することが苦手

これらのほかにも、「これから何が起こるかが想像できず、常に不安がっている」（推論が苦手）、「数をかぞえることが苦手」（数の概念や数量の理解が苦手）などの姿が見られることもあります。

【3】学習障害の特徴がある子どもの保育

これまでに説明したとおり、学習障害の特徴がある子どもは知的発達のすべてに問題があるのではありません。苦手な部分が伸びるように援助をすることも必要ですが、問題なく使えている力をさらに発揮して苦手な部分を補完できるようにすることも大切です。このような保育者のかかわりを通じて、子ども自身が周囲に気がついて、自発的にかかわり、活動ができるようになることを保育のねらいとします。

エピソード6-3のイツキくんは、保育者の話の一部は理解できており、その都度声かけが必要ではあるものの、活動にも参加できています。保育者がことばを短く区切り、具体的に話すことで、より理解をうながすことができるでしょう。また、視覚情報で理解できるように伝える方法もあります。具体的には、前述の絵カードや保育者の身振りなどです。また、遊具などを片づける場所がわからなければ、箱などを用意して「ここに入れてね」と指示をすると、目で手がかりを得ることができます。

また、ぼんやりしていたり、ゴロゴロしているといった姿からは、身体感覚の偏りが考えられます。第5章で学んだ**体性感覚**の偏りへの援助について振り返っておきましょう。

写真や絵を使ってどの箱に何を片づけるかを示すと、目で手がかりを得られます。

> **Note**
>
> 　これからやることや見通しなどを覚えておく力として「ワーキングメモリ」があります。ワーキングメモリは記憶力のひとつです。たとえば料理をする場面では、「お湯を沸かしている間に野菜を切って……」などと、複数のことを同時に意識しながらおこなうことがあります。このように、次の作業の見通しを立てながら作業できるのもワーキングメモリがはたらいているためです。野菜を切ったり米を研いだりしているうちに、お湯を沸かしていることを忘れてしまったときは、ワーキングメモリがうまくはたらいていないといえます。
>
> 　近年の脳科学の研究により、ワーキングメモリは日常生活の経験を重ねることで育まれることがわかってきました。子どもに対しては、まずは「できる」範囲で経験を重ねて、ひとつできるようになったら徐々にその量を増やしていくという援助ができます。

4. 注意欠如多動症の理解と保育

▶*Episode 6-4*◀ 自分を止められないツカサくん

　N保育所の4歳児クラスで、朝の会が始まりました。ツカサくんは今日も椅子に立ったり座ったり、近くの友だちに話しかけたり、部屋から出て行こうとしたりしています。昨日は椅子に座っていることができましたが、担任の話の最中に思いついたことを大声で話していました。担任はツカサくんの様子を気にしていますが、3歳児健診などでは何も指摘を受けていません。

　日中、ツカサくんは階段から飛び降りてあそんだり、友だちと鬼ごっこや戦いごっこなどをして過ごしています。しかし自分が鬼になると活動から抜けてしまったり、戦いごっこも度が過ぎてケガをしそうになるため、なかなか長続きしません。一方で、子どもが少なくなった夕方の保育室では、集中してお絵かきに取り組むこともあります。ツカサくんは、日中もテーブルの下や廊下の隅などで恐竜の図鑑を見ていることがありますが、お絵かきでもいろいろな恐竜を好んで描いています。

【1】 注意欠如多動症とは

注意欠如多動症（ADHD：Attention-Deficit/Hyperactivity Disorder）の特徴がある子どもは、①不注意、②多動性、③衝動性のうちのひとつあるいは複数の性質が著しいために、日常生活を過ごすことに困難さを生じています。

❖不注意

・ひとつのことに注意を向け続けたり、集中をすることが難しい

・持ち物をよく置き忘れたり、なくしたりする

エピソード6-4のツカサくんは、朝の会で静かに話を聞くことが難しいようです。このような注意・集中の困難さのことを「転導性」、その状態が著しいことを「転導性が高い」と表現することがあります。

❖多動性

・自分の身体の動きを止めることが難しい

・しゃべりすぎる姿がしばしば見られる

ツカサくんが、集まりで椅子に立ったり座ったり、近くの友だちに話しかけたり、保育室から出て行こうとする様子は多動性の状態ととらえることができます。

❖衝動性

・「今、思いついたことはすぐにやらないと気がすまない」ように、周りの様子や行動した後の結果を考えずに、行動を開始する

・自分の順番を待つことが困難であったり、そのために他人を妨害したり、邪魔したりすることがある

ツカサくんは、先生の話の最中に思いついたことを大声で話し出していました。また、鬼ごっこや戦いごっこを通じて友だちとかかわる一方で、自分の思いと異なることがあると長続きがしない姿が見られます。

【2】注意欠如多動症の子どもの実際

このような注意欠如多動症の特徴は、実際の保育のなかでは以下のような姿で現れます（表6-4）。

表6-4　注意欠如多動症の、保育のなかで現れやすい特徴

不注意
・集まりなどで話をじっと聞くことができない ・ひとつのあそびが長続きせず、次々と変わる ・周りの様子が気になって食事が進まない
多動性
・集まりなどでも状況にかかわらず常にしゃべっている ・食事の際、席に座っていられず、なかなか箸が進まない ・友だちが作った作品を壊したり、泥を投げたりして反応をうかがう
衝動性
・順番を待つことができず、友だちとトラブルになる ・他児が使っているものを勝手に使ったり、取ったりする ・自分の思いが通らないと物を投げるなど、大騒ぎになる

これらのほかにも、強い力がかかるあそびを好んだり、わざと汚いことばや残酷なことばを話したり、相手の心を逆なでするような反抗的、挑戦的なことばを話すことがあります。

【3】 注意欠如多動症の子どもの保育

❖自己有能感を育む

　注意欠如多動症の特徴があり、知的発達には大きな遅れがないと考えられる子どもが少なからずいます。エピソード6-4のツカサくんも、友だちとあそんだり、恐竜の絵を描いたりしています。また、3歳児健診でも特に指摘を受けていません。

　一方で、ツカサくんの行動には不注意、多動性、衝動性という特徴が見られます。しかし、これはツカサくんが望んでおこなっているのではありません。自分で自分を止めたり、衝動を抑えたりすること（自己コントロール）は、脳のはたらきによっておこなわれます。注意欠如多動症の場合、その脳のはたらきに偏りがあると考えられています。

　もし、ツカサくんが自分をコントロールできないことに対して過剰な注意や叱責を受ければ、「どうせ自分はダメなんだ」と自信を失っていくでしょう。注意欠如多動症の特徴をもつ子どもの保育を考える場合には、<u>不注意や多動性、衝動性を引き起こしにくい環境を工夫すること</u>、そして、子どもの「自分はやればできるのだ」という**自己有能感**（→p.85）を育むことをねらいとします。

❖保育者の援助で子どもの成功経験をつくる

　第5章でも説明したように、自己有能感は成功経験を重ねることで育ち、これが育つことで感情をコントロールする力が向上します。したがって、保育者は子どもがより成功経験を感じられるような配慮をすることが必要です。

　たとえば、ツカサくんが興奮状態で友だちに向かって遊具を投げようとしたら、あなたならどのように声をかけるでしょうか。

このような場合には、まず、前項までに見てきた対応と同様、やるべきことを具体的に短く伝えます。つまり、「投げないよ」「下ろしてね」などと指示することで、ツカサくんは投げるのを止める可能性が出てきます。

　大切なのは、この後の保育者の対応です。遊具を投げるのを止めた後、ツカサくんは興奮したまま大きな声で叫んでいるかもしれません。あなたならどのように声をかけますか。「友だちにおもちゃを投げないでね」と教えるでしょうか。よく考えてください。

　ツカサくんはおもちゃを投げることを止めることが<u>できた</u>のです。保育者が、「ツカサくん！　投げなかったね。がまんができたね。すごいね」としっかりほめることで、ツカサくんは自分が「<u>がまんできた</u>」ことに気づくでしょう。このように、日常のなかで少しでもほめられる経験を重ねることで、子どもは自分ができることに気づき、それを向上させていこうとがんばるようになります。

　一方、注意欠如多動症の特徴をもつ子どものなかには、自分ができないことに気づいており、「どうせぼくなんかダメな子なんだ」などと自分を卑下する発言をする子どもがいます。このような場合も、できることを見つけてほめていくことが大切ですが、一方で、「どうすればうまくいくか」を保育者と子どもとで一緒に考えていくこともできます。たとえば、「友だちを叩きたくなったら、両手をグーにして3つ数える」「歩き回りたくなったら、保育室の隅にあるダンボールハウスに隠れる」などといったことです。

❖不注意、多動性、衝動性が起きにくくなる環境とは

　さて、次に不注意や多動性、衝動性がより起きにくくなる環境について考えてみましょう。不注意や多動などが見られたツカサくんですが、夕方になるとお絵かきを楽しむことができたり、日中でもテーブルの下で図鑑を読んだりしています。この状況に共通しているのは、周囲からの刺激が少ない環境だということです。

　第5章で五感の偏り（過敏／鈍麻）の説明をしましたが、不注意や多動性を示す子どもは、周囲にある感覚刺激、特に五感を通じて入ってくる感覚刺激に対して過敏に反応します。そのため、保育室で集まっていても、誰かが廊下を通れば廊下に注意が移り、壁面に新しい掲示物を見つければ壁面に注意が移ります。また、感覚刺激が多い環境では、気持ちが高まりすぎてしまうこともあります。このように考えると、より感覚刺激の少ない環境を設定することで、注意欠如多動症の特徴をもつ子どもが落ち着いて過ごせると考えられます。

　注意欠如多動症の特徴をもつ子どもは、しばしば周囲の環境の刺激によって力を発揮する機会を失っています。このような子どもは、保育の場で「話も理解できるし、ひととおりのことはできるけれど十分ではない」といった評価をされることがあります。つまり、行動・実践する力があるものの経験不足のためにその質が向上しにくいのです。

　子どもが豊かな経験を重ねて自己有能感を高めていけるよう、保育者が環境を整え、配慮していくことが望まれます。

【演習課題】

1. エピソード6-2のワタルくんのように、自分のもっているイメージが急に変わると、気持ちが不安定になってしまう子どもがいます。このような子どもに片づけをうながすときは、どのように伝えるとよいでしょうか。話し合って考えてみましょう。
2. 自己有能感を育むために、保育者は子どもにどのようなかかわりができるでしょうか。本章の内容をまとめてみましょう。

第7章 多様な支援を必要とする子どもの理解と保育

——外国につながる子ども／子どもの貧困

▶*Episode 7-1*◀ **外国から移住してきたソアちゃんとユジュンくん**

　ソアちゃん（5歳）と弟のユジュンくん（3歳）は、父親の仕事の関係で2年前に韓国から日本へ移住しました。2人は同じ保育所に通っており、韓国人の両親が交互に送迎をしています。

　ソアちゃんは仲良しの友だちと過ごすことが好きで、ユジュンくんはパズルや粘土などを使いひとりでじっくりあそぶことを好みます。2人ともおおむね安定して過ごしていますが、最近、ソアちゃんは、集まりで保育者の話を聞いていない様子や、説明やルールの理解につまずく姿が見られます。ユジュンくんも、保育者とのやりとりがかみ合わないことや、指示の内容が理解できないことがあります。さらに、嫌なことがあって気持ちが崩れたときは、韓国語とも日本語ともつかない発声で訴える姿があります。

　保育者は、送迎の際に当日の出来事や2人の様子などをていねいに話しており、また、両親も園の行事にも欠かさず参加するなどコミュニケーションに積極的です。しかし、保育者からの説明がスムーズに伝わらないこともしばしばあります。そのようなときは英語を交えたり、ソアちゃんから話してもらったりなど都度工夫をしますが、少し複雑な話になるとなかなか伝わらず苦慮しています。

1. 多様な支援を必要とする子ども

　前章までに説明してきたような障害に限らず、園には、多様な支援を必要とする子どもがいます。本章では、そのような子どもたちの一例を取り上げます。

　子どもの育ちは、大きく2つの視点からとらえることができます。ひとつは身長が伸び体重が増えるように、時間とともに量が増えていく育ちです。このような育ちは成長と表します。もうひとつは、ことばや、さまざまなコミュニケーションの力など、周囲の人や物、すなわち環境とのかかわりが必要になる育ちです（第9章を参照）。このような育ちは発達と表します。

　本章で取り上げるのは、発達のための環境が不十分である、もしくは複雑になっている子どもです。たとえばエピソード7-1のように、母国語と異なることばのなかで暮らすことによって、子どもにつまずきが見られたり、日常生活に何らかの支障が生じたりする場合があります。また、経済的な困難のために家庭で十分な養育ができない、保護者に疾病や障害があるために日々の通園が困難である、といった事例もあります。このような場合には、環境を改善したりマイナス面を補う配慮をしたりすることで、子どもの発達を支援していきます。

2. 外国につながる子どもの理解と保育

【1】日本語以外を母国語とする子ども

　園において日本語以外の言語を母国語とする子どもの多くは、エピソード7-1のように、何らかの理由により日本で暮らすようになった外国人の子どもです。ほかの具体例としては、外国人と日本人の間に生まれた子どもで、日常生活において夫婦間、親子間の会話が多言語になっているケースや、外国で長い間暮らしたあとに帰国した日本人の子どもなどがあげられます。このような子どもたちに共通するのは、これまでの生活のなかで日本語を使用する機会がなかったか、極端に少なかったということです。

幼少期の子どもは、生活のなかで頻繁に接することばを身につけていきます。そのため、前述したような子どもの場合でも、園生活のなかで日本語を話す友だちや保育者と接する機会が増えることで、徐々に日常生活に必要な日本語を身につけることができます。ただし、活動の流れや見通し、保育者の教示などを日本語で理解できるようになるまでは、特別な配慮を必要とします。

　たとえばエピソード7-1のソアちゃんは、園の友だちとのやりとりはできていますが、保育者が5歳児に対しておこなう説明などは理解できないようです。この場合、絵カード（→p.95）などを用いて視覚的にわかりやすくしたり、動きの手本となる友だちと一緒に活動したりすると、その理解をうながすことができます。

【2】 母国語の大切さ

　外国人と日本人の夫婦の間に生まれた子どもは、日中は園などで日本語中心の生活を送りますが、多くの場合、外国人の保護者とは保護者の母国語（以下、母国語と記述）でやりとりをします。つまり、母国語と日本語の2か国語をあわせて使っているのです。

　子どもが幼いうちに日本へ移住したケースでは、外国人の保護者が、家庭で使う言語を日本語に統一すべきか悩むことがありますが、むしろ家庭ではこれまでに使ってきた母国語で子どもとやりとりをすることが大切です。これまでの研究で、母国語がしっかり育っていることで、2番目に身につける言語（第2言語）もよく育つことがわかってきているからです。言語はコミュニケーションの手段として用いられるだけでなく、思考をする際にも必要です。つまり、何らかの言語を母国語として獲得していることで、考えたり覚えたりといった知的活動が可能になります。そのため、これまで使ってきた母国語の力の保持・向上が大切なのです。

　母国語を保持することが大切な理由はほかにもあります。主なものを以下に2つあげます。

❖保護者とのスムーズなコミュニケーションのため

　子どもは、園生活などを通して日本語を自然に身につけていきます。一方、外

国人の保護者が努力をして日本語を覚えても、成長にともなって子どもが難しい日本語を使えるようになると、保護者がそれを理解できなくなることがあります。また、保護者が日本語で子どもとコミュニケーションをとろうとする場合、細かなニュアンスがうまく伝わらないこともあります。そのため、親子間のコミュニケーションが不十分になり、結果として親子関係にマイナスの影響を及ぼすことが考えられるのです。

❖子どものアイデンティティを保障するため

アイデンティティとは、「自分らしさ」や「自分はどのような人か」がわかっているということです。たとえば「私は日本人だ」「私は3人きょうだいの一番上だ」なども、アイデンティティを形成する要素です。アイデンティティは考え方や行動に影響を与えます。たとえば、「日本人らしく」あるいは「長子らしく」考えようとしたり、ふるまったりするということです。

言語は、日常生活やそれを使う国の文化（生活の仕方、ルール、ものの考え方など）を反映しているため、アイデンティティの形成に大きな影響を与えます。そのため、両親と異なる国で育ち、異なる母国語をもつ場合、子どもは自分が何者（どの国の人）であるかということについて、アイデンティティの混乱を示すことがあります。両親の母国語を通して文化を知ることで、自分が外国にルーツをもつ子どもであることを自覚し、アイデンティティの混乱を緩和できる可能性があります。

【3】 母国語の獲得に困難のある子ども

母国語の形成は、第2言語や知的能力の獲得、親子関係やアイデンティティの形成などにつながり、子どもの発達に影響を与えます。しかし、母国語が確立していない段階で第2言語の使用が始まったり、家庭内でより多くの言語が使用されたりすると、どの言語も母国語として身につかないという問題が起こることがあります。たとえば父親がフィンランド語、母親が韓国語を母国語とする場合、子どもは父親とはフィンランド語、母親とは韓国語で話し、園では日本語を使用しているというようなケースです。さらに、夫婦間では双方が理解できる英語で会話がされていることもあります。

109

このように母国語が身につかない状態は、2か国語を話す人の呼称である「バイリンガル」に対して、「セミリンガル」「ダブル・リミテッド」などと称されています。

　母国語の形成が不十分であるということは、知的発達にもマイナスの影響を及ぼします。エピソード7-1のユジュンくんは、1歳のときに日本へ移住して2年が経ちましたが、日本語の理解が進まないことや、韓国語とも日本語ともつかない発声で訴えるなど、母国語が定まっていない可能性が考えられます。ただし、母国語の確立に主たる問題があるのか、あるいは知的発達に問題があるのかがわかりにくい場合もあるので、ユジュンくんのようなケースでは、保護者と相談の上、発達やことばの相談に関する専門家や専門機関と連携をして助言を受けることが大切です。

3. 子どもの貧困の理解と保育

▶*Episode 7-2*◀ 養育が困難な家庭で暮らすマサフミくん

　保育所に通うマサフミくん（4歳）は、母親（22歳）と2人で生活をしています。母親は2つの仕事を掛け持ちしており、マサフミくんは早朝から園で過ごしています。しかし母親の仕事はいずれも非正規雇用のため、親子が暮らしていくには苦しい状況です。生活保護の受給も検討しましたが、そうすると車が所有できなくなり仕事に支障が出るため申請をしていません。

　マサフミくんは登園時の服装や髪形が乱れていることが多く、しばらく入浴していないようなにおいがすることもあります。また、衣服が十分に乾いていなかったりカビが生えていたり、昼食に持参する主食（米飯）が変色していることもありました。

　担任の保育者は母親に改善方法を提案していますが、母親は「ありがとうございます、やってみます」と応じるばかりで改善の様子は見られません。最近、マサフミくんは保育者や友だちとのかかわりが強引で、自分の思いどおりにいかないことがあると暴言を吐いています。また、昼食を素早く食べ終えると食器を片付けずに去ろうとします。担任は、マサフミくんへの個別的配慮と、家庭支援の方針について考えています。

【1】 子どもの貧困

　国民生活基礎調査によると、17歳以下の子どもを対象とした「子どもの貧困率」（2021年）は11.5％でした。つまり、約8人に1人の子どもが貧困の状態にあるということです。

　貧困には、衣食住にも困る状況である**絶対的貧困**と、社会のなかで見ると相対的に貧困の状態である**相対的貧困**があります。ただし、日本では憲法第25条（生存権）において「すべて国民は、健康で文化的な最低限度の生活を営む権利を有する」とされているとおり、社会福祉サービスなどの提供によって、生命の危機に至るほどの絶対的貧困は回避できると考えられます。つまり、貧困状態に置かれている子どもの多くは相対的貧困ということになります。

　相対的貧困とは、家庭の経済的な問題のために、ほかの多くの家庭でできることができない状態といえます。たとえば、ほかの子どもが持っているような玩具や絵本を買ってもらう、遊園地やテーマパークに遊びに行く、習い事に通う、高校や大学に進学する、といった経験ができないということです。このような経験ができなくても、生命を維持する上では問題になりません。しかし、ほかの子どもが経験すること（知っていること、できること）を自分が経験できないということは、子どもにとっては「知らない」「できない」経験を重ねることになります。これは、子どもの自信（自己有能感、自己肯定感）を育む上でマイナスに作用します。

【2】 貧困の背景

　相対的貧困の主たる原因は、経済的要因すなわち所得が十分に得られないということです。また、支援を期待できる親族が身近にいないという要因もあります。このような相対的貧困の背景として、以下のような状況が考えられます。

❖ひとり親家庭

　父親または母親がひとりで子どもを養育する家庭です。子どもの養育のため、保護者が長時間勤務や仕事の上で制約のある雇用に就くことが難しくなります。

結果として非正規雇用での就労の割合が高くなり、世帯収入が減少します。

❖保護者の疾病・障害

　父親または母親に、心身の疾病や障害がある家庭です。疾病や障害のために、長時間勤務や安定した就労を継続することが難しくなります。結果として短期間での転職や非正規雇用での就労を繰り返し、世帯収入が減少します。

❖若年の保護者

　父親と母親あるいはいずれかが若年（たとえば20歳未満）の家庭です。就労年数が短いなどの理由から所得が少ない家庭です。子どもの出産と育児にともない、母親の就労力（仕事に就く力）が低下するとさらに世帯収入が減少することになります。

【3】子どもの貧困による経験の不足

　貧困の問題がある子どもの多くは、一般的な家庭生活で得られる経験が不足しています。特に、保護者とのやりとりのなかで育つ力が十分に身についていないことがあります。具体的には以下の姿が見られます。

❖生活習慣が身についていない

　規則正しく起床・就寝し朝昼夕の食事を摂るといった生活リズム、自分の健康や身の安全を守る、清潔を保つといった健康的な生活環境を保持する力が未熟なことがあります。また、状況に合わせて話す、人と適切な距離感でかかわるといったコミュニケーションの力など、保護者との個別のやりとりを通して身につく力や生活習慣が十分に育っていないことがあります。

❖直接体験が少ない

　いろいろなものを見たり聞いたり、さわったり試したりする直接体験が少ないため、会話や思考をする際に、他児と比べて話題や素材の幅が狭くなることがあります。また、「うれしかった」「楽しかった」など、心の動く経験が不足している場合は、結果として感情が乏しい、感情を上手に表現できない、感情豊かなコミュニケーションができない、といった姿を見せることがあります。

　このように、家庭での個別のかかわりを通して身につける力が不十分なことが多いため、保育のなかで経験を重ねることで、これらの力を育てていきます。

　実践の参考として、アメリカの心理学者であるマズローが提唱した**欲求階層説**という考え方を紹介します。マズローは、「人間は自分らしく生きたいという欲求（自己実現の欲求）をもっているが、その実現には成長過程においていくつかの欲求を段階的に満たすことが必要である」と考えました（図7-1）。

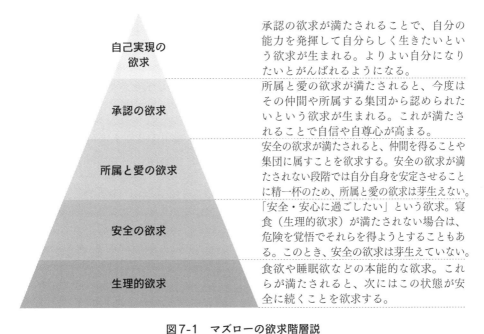

自己実現の欲求	承認の欲求が満たされることで、自分の能力を発揮して自分らしく生きたいという欲求が生まれる。よりよい自分になりたいとがんばれるようになる。
承認の欲求	所属と愛の欲求が満たされると、今度はその仲間や所属する集団から認められたいという欲求が生まれる。これが満たされることで自信や自尊心が高まる。
所属と愛の欲求	安全の欲求が満たされると、仲間を得ることや集団に属することを欲求する。安全の欲求が満たされない段階では自分自身を安定させることに精一杯のため、所属と愛の欲求は芽生えない。
安全の欲求	「安全・安心に過ごしたい」という欲求。寝食（生理的欲求）が満たされない場合は、危険を覚悟でそれらを得ようとすることもある。このとき、安全の欲求は芽生えていない。
生理的欲求	食欲や睡眠欲などの本能的な欲求。これらが満たされると、次にはこの状態が安全に続くことを欲求する。

図7-1　マズローの欲求階層説

　貧困の問題によって生理的欲求や安全の欲求が満たされていない子どもは、クラスや友だちといった「所属」や仲間関係を欲する段階に至っていないということが、この図から理解できるでしょう。子どもの社会関係の育ちを考える上で欲求階層説は参考になります。

　また、五領域（健康、人間関係、環境、言葉、表現）で示される保育の「ねら

い」と「内容」も、このような経験の不十分な子どもの保育を考える際に、あらためてていねいに見るとよいでしょう。何ができて何ができないのか、次はどのような育ちが期待できるのかを、この五領域の視点を参考に評価して援助を考えることができます。

【4】 貧困の問題がある家庭への支援

保育者は日常的に親子と接するため、貧困家庭への支援者のなかでも、家庭の状況を最もよく知り得る存在です。ただし、問題を園がすべて抱え込まないよう注意が必要です。

保育の場でできる主たる援助は、<u>子どもの安心・安全な生活と、ほかの子どもが生活のなかで自然に得られる経験を保障し、さまざまな側面からその育ちをうながす</u>ことです。また、就労や生活について保護者をエンパワメントする（保護者自身の力を信じ、引き出していく）ことです。

このほかに、貧困の問題がある家庭に対して、就労支援、経済的支援や家庭における生活状況の評価と支援などをおこなうことがあります。また、必要に応じて母子生活支援施設などを利用しながら生活を立て直すことや、家庭での養育が難しくなった場合には乳児院や児童養護施設等を利用することも考えられます（社会的養護Ⅰ・Ⅱなどで学びます）。ただし、このような支援は保育の場が主導してできることではありません。貧困の問題がある家庭の支援は、児童福祉、社会福祉、母子保健などの専門機関と連携をしながら進めていくことが不可欠です。

【演習課題】

1. 日本語以外の母国語をもつ子どもや外国にルーツをもつ子どものことについて相談できる機関には、どのようなところがあるでしょうか。調べてグループで共有しましょう。

2. 貧困の問題がある子どもは、マズローの欲求階層説ではどの段階でつまずいている可能性があるでしょうか。また、そのつまずきに対して、保育者はどのような援助ができるでしょうか。グループで話し合ってみましょう。

第III部 障害児保育・特別支援教育の実際

第III部では、障害のある子どもの保育の進め方（実際）について考えていきます。子ども理解の基本と記録への生かし方、子どもの自発性の大切さと援助方法、個と集団へのはたらきかけ方、職員間の連携方法とその意義について、具体的に学びます。

第8章 子ども理解に基づく計画の作成と記録・評価

▶*Episode 8*◀ **失敗する前までは成功！**

　ある日の降園時のことです。お迎えにきたマサトくん（5歳）の母親が、担任のO先生に話しかけてきました。

「先生、うちの子、朝の準備にすごく時間がかかるんです。特に着替えができなくて。ズボンを後ろ前に履いたり、洋服のボタンがずれていたり、靴が左右逆でも気づかずにいることが多くて。何度言ってもできるようにならないので困ってしまいます」。

　話を聞いたO先生は、「マサトくん、保育園では最後にちょっとお手伝いをすればできていますよ。それに自分からやろうとする気持ちがあるので、見守るようにしています」と答えました。母親は「そうですかね……家では全然できなくて……」と小声でつぶやいています。

1. 保育の計画を立てる前に

　衣服の着脱や靴を左右間違えずに履くということは、4歳頃にはおおむねできるようになりますが、個人差もあります。何事も、初めから上手にできることを求めるのではなく、「自分でできるところまでできた」という経験を重ねることが大切です。

　エピソード8に登場した母親は、マサトくんの着替えの様子を見て、「できていない」ところばかりが気になっているようです。しかしマサトくんは、「自分で」「最後まで」洋服を着ることができています。ひとりで着替えることができている点は、十分にほめられることです。

　子どもが「できる」ようになるプロセスを考えた場合、「未完成や失敗の手前まではできている」ということを大切にしたいものです。ここでは、ボタンのかけ間違え、靴の左右の間違えといった失敗があったとしても、「自分で着替える」ということはできています。

　障害の有無にかかわらず、保育をおこなう際には、子どもの発達を最大限にうながせるよう計画を作成します。特に障害のある子どもの場合には、その個性に応じて個別の指導計画を立てることや、それが達成されたかどうかを評価することが必要になります。本章では、そのような個別の指導計画を作成するにあたって気をつけたいこと、そしてその保育が計画どおりにできているかを確認するための記録と評価のあり方について学んでいきましょう。

【1】 子どもの特性の理解

　保育の計画の作成にあたって重要なのは、まず子どもの特性を把握することです。

　たとえば、発達障害の子どもあるいはその疑いがある子どもの特性としては、以下のような様子が見られます。

- ・こだわりがある
- ・新しい環境に慣れることが難しい
- ・行動の切り替えが苦手である
- ・騒がしい場所が苦手である
- ・指示が入りにくい
- ・予定が変更になるとパニックになる
- ・感情のコントロールができない

　このような特性は、大人からは「気になる様子」として、また、友だちからは「困った子」として見られることがあります。しかし、本人には上記のような行動をとらなくてはいけない理由があるのです。それぞれの理由を理解して、その行動をとらなくてもいいように保育を考えていく必要があります。

　保育の計画を立てる前に、このように「どのような行動が見られ」「それにより、どのように（誰が）困っているのか」を客観的に記録します。記録をする際、「いつも立ち歩く悪い子どもだ」などと、主観（個人的な考え）を入れないことが大切です。主観が入ると、その子どもの特性を十分に理解した保育になりません。

【2】 障害のある子どもの理解

　保育者の仕事は、障害を「治す」ことではありません。保育者に求められ期待されているのは、それぞれの子どもらしさを理解し、個がもつ力を最大限に発揮できるよう保育をすることです。したがって、できないことを躍起になって改善しようとする必要はありません。できないことばかりに目を向けると、子どもや保護者の気持ちはどのように変化するでしょうか。

できないところに目を向けると……

子どもの気持ち

保護者や保育者の気持ち

　一方で、子どもの優れているところに目を向けると次のような効果が生じると
考えられます。

できるところに目を向けると……

自信が育まれ、自分を
認めることができる

達成感を得て、さらに
自分に自信をもてる

安定した状態で
楽しく過ごせる

友だちと積極的に
コミュニケーションをとる

子どもの気持ち

子どもを広く理解する
基盤ができる

子どもの新たな一面を
発見できる

子どもと一緒に
楽しく過ごせる

子どもの行動を
安定して
見守ることができる

保護者や保育者の気持ち

　できないことに目を向けるのではなく、その子どもの優れているところに目を向け、伸ばしていくことが大切です。

【3】障害のある子どもとのかかわり方

　子どもが気になる行動をとる背景には、そうせざるを得ない理由があると考えます。このような場合、子どもができることを探し、できることを生かして、気になる行動を困らないかたちに変えます。また、子どもの行動を拡げていくという視点をもつことが必要です。子どもに対応したり、記録・評価をおこなったりする際は、以下のようなポイントを意識するとよいでしょう。

❖子どもの行動の背景を探る

　周囲から見て困った行動でも、実は、その子どもなりに環境に適応しようとがんばっていることがあります。その背景すなわち、そうせざるを得ない理由を探ることで、子ども自身を理解することができ適切な援助が可能になります。

❖無理強いをしない

　活動への参加を強制しても、子どもにとって身になることはありません。参加できない背景には、「活動が理解できない」「その場の環境に適応できない」などの理由があるので、強制的な参加は苦痛になります。また、無理強いされたことによりつらい経験となってしまい、その後の行動範囲を狭めてしまうことにもなりかねません。

　大切にしたいのは、少しでも子どもが自ら行動したという事実を積むことです。「〜したい」という気持ちが本人の力を最大限に引き出すきっかけになり、その後の行動の拡大につながっていきます。

❖行動を見守る

　子どもは多くのことを「経験」から学びます。危険（子ども自身あるいは周囲の人にとって危険なこと）のない限り、自分で挑戦できる環境を整えることが大切です。自分で実行する機会を保障することで、自分の意思で行動したという自信になります。また、うまくいかない経験をすることで、改めて考えるといった試行錯誤の機会を導くことができます。

❖ほめる

　子どもが自分で行動に移したとき、失敗することがあります。この失敗した経験だけを積み重ねてしまうと「自分はダメな子だ」というように自己肯定感を下げてしまいます。たとえ失敗してもできているところまでをきちんとほめることや、望ましい行動が見られたときにほめることが大切です。子どもは自分に自信をもち、自己肯定感を高めていくことができます。

❖的確に話す

　子どもは人の気持ちを読むことや、一度に多くのことばや指示を理解することが苦手です。望ましい行動をねらう場合には、具体的に、短く区切って話をすることが必要です。なお、このときに肯定的なことばをかけると子どもは行動をしやすくなります。たとえば、机の上にのぼってしまった子どもに「机にはのぼりません」「机の上にはのぼらないよ」と言うよりも、「机からおりようね」などと、してほしい行動をことばにするということです。

　保育者や保護者が上記のような内容に気をつけることで、子どもは自分の行動に否定的な反応をされなくなるとわかり、自分を自由に表現する機会を得ることができます。

　ただしこれらは基本的なかかわり方で、一人ひとり、声をかけるタイミングや声のかけ方などが異なってきます。まずは、子ども一人ひとりを理解する（理解しようとする）ことが重要になります。

2. 保育の計画の作成

　ここまで、保育の計画を立てる前に必要なことについて確認してきました。続いて、保育の計画の目的、記録の方法、計画の立て方について具体的に見ていきましょう。

【1】 保育の計画の目的とは

　子どもは、一度の経験だけで物事を習得するのではありません。また習得した物事も前進と後退を（らせん状に）繰り返しながら確実になります。そのため子どもの成長や発達は、一人ひとりが積み重ねてきた経験によっても異なります。

　一方、この積み重ねには、その子なりの一貫した流れがあるはずです。保育者は、子どもがこれまでの経験から習得したことをよく観察し、これをもとに今習得が望まれること、また、今後習得するであろうことを、発達の連続性という観点から保育の計画として具体的に作成し、実施します。このようにして、一人ひとりの成長・発達に合わせた経験を促す保育を保障していきます。

【2】 保育の計画を作成するにあたっての注意事項

　保育所、幼稚園、認定こども園といった集団での保育においては、一定の成果が求められることが多くありますが、子どもの発達や個性によっては求められる成果に到達できない場合が出てきます。また、保育者が結果だけに注目するあまり、子どもが取り組む過程に目を向けなくなることもあります。

　しかし、子どもの成長を考えるときには、結果だけでなく子どもたちが行動に取り組む過程を重視することが大切です。特に、障害のある子どもや発達の気になる子どもの保育においては、過程をていねいに見ていくことが発達支援を考える上でとても重要です。なぜなら、障害のある子どもや発達の気になる子どもは、自分の行動をうまく表現できないことがあり、できることとできないことを保育者の力で綿密に把握する必要があるからです。これらの把握は、個別の指導計画

123

を作成する上で重要な資料となります。

　また、保育者は保育の計画を作成するねらいや意味を明確にしなくてはなりません。計画を立てるときは、障害を克服するための指導と考えるのではなく、その子がいかに豊かな生活を送れるかといった視点を重視します。なぜならば、保育者の現在のかかわりや取り組みの結果は、すぐに現れるとは限らないからです。1週間後、1年後、あるいは10年後に現れるかもしれません。保育者は将来の子どもの発達像を見据えた上で、今の子どもの生活をいかに豊かにできるかを考える必要があるのです。

【3】障害児の個別の指導計画

　指導計画には一貫性をもたせなければなりません。一貫性のある計画とは、子どもの個の発達に応じた保育を計画するということです。

　近年では障害に対する知識を得る機会も多く、熱心に学ぶ保育者も増えています。しかしその一方で知識が先行してしまい、障害のある子どもの一人ひとりの個性をもとに計画を立てるのでなく、障害名に合わせた計画を立ててしまう傾向もみられます。たとえ障害名が同じであっても、子どもの個性は一人ひとり異なります。指導計画の作成においては、子どもの実態を十分に評価した上で作成することが不可欠なのです。

3. 子どもの様子の記録方法

　実際に指導計画を作成する準備として、まず子どもの状態を把握するために記録をとります。記録をとるためには子どもの様子をしっかりと観察する必要がありますが、観察をする上でも重要な注意点があります。それはp.120でも示したように、子どものプラスの側面をよく見るということです。

　障害のある子どもや発達の気になる子どもの様子を観察するときには、「会話がかみ合わない」「行動の切り替えができない」「手あそびがまねできない」「友だちとあそぶことができない」など、どうしてもマイナスな側面からの観察が多くなります。しかし、その子どものできているところ、つまりプラスの側面を観

察し記録することで、その面をもとにした行動の拡大や、次の発達をうながしていくきっかけをつくることができます。では、具体的な記録方法を確認していきましょう。

代表的な記録の仕方として、子どもの発達を領域に分けて観察し記録する方法があります。その領域とは、たとえば「言語」「運動」「社会性」「感覚」などであり、第2章で解説した発達の領域と同様です。このように観察をすると、数多

表8-1　発達記録表の記入例

名前　○○　○○　　（男）・女　　生年月日　○○年　○月　○日生

領域	子どもの姿
	6月　（　3歳　7か月　）
基本的生活習慣 （食事・排泄など）	・着替えでは、自分から着替えようとする意欲は見られないが、保育士と一緒だと嫌がらずに着替えることができる。 ・排泄では、保育士がうながすとトイレに行くことができる。また、おもらしをしても、そのままあそび続けることがあるが、保育士にうながされると抵抗なく着替えることができる。
健康	・鼻水が出ている日が続くが、体調を大きく崩すことはない。 ・戸外から帰ると手洗いうがいをおこなうことができる（うがいは保育士のうながしが必要だが、手洗いは自分からおこなう）。
言語（ことば）	・普段はあまり自分からは話さないが、自分の興味や関心のあることについては、積極的に話をする。 ・声の大きさのコントロールができず、大きな声で話す。
運動	・ジャンプをすることはできないが、自分でタイミングをとって身体を伸ばすことができる。 ・転ぶことが多い。
社会性	・他児とのかかわりが苦手で、近くに他児が来るとその場からいなくなるが、保育士がそばにいると留まることができる。
感覚	・手が汚れるとパニックになり、奇声をあげる。
あそび	・ひとつのあそびに集中する時間が短く、次から次へとあそびを変える。 ・ひとりであそぶことが中心だが、保育士からはたらきかけるとやりとりを楽しむ姿も見られる。
表現	・リズムに合わせて身体を動かすことは苦手で参加はしないものの、興味はあるようで保育士や友だちの様子を見ている。
環境	・周囲の環境（戸外）に自分から興味を示すことはないが、保育士の様子を見て同じように観察することができる。
家庭より	・母親の勤務先が変わり、起床時間が早まった。いまだ家庭での生活リズムがつかめていない様子が見られる。
その他※	

※上記項目のほかに特記事項があれば記入する。

く記録をとるうちに領域が頭のなかに入るので、どのような子どもを見てもその評価がすぐにできるようになります。表8-1は、子どもの発達記録の具体例です。

　記録をつけながら子どもの様子を見ることにより、保育者のかかわり方や評価の仕方が変わってくることがあります。なぜなら、記録をとることは、その子どもの発達を細かく見ていく作業だからです。記録をとることにより、「できない」部分ではなく「できる」部分への気づきが習慣化されるのです。

4. 個別の指導計画（個別計画）の作成

　クラス全体の指導計画は、各年齢ごとに予想される一般的な発達をもとに作成されます。その指導計画には、年間を見通して作成される年間計画案、3、4か月ごとに分けた期別計画案、さらにそれを毎月の計画にした月間計画案、週ごとに細かく分けた週案などがあります。

　これに対して、障害のある子どもや発達が気になる子どもの場合には、その発達に偏りやばらつきが見られるため、その発達をきちんと積み上げていくことができるように、**個別の指導計画**（個別計画）を作成する必要が出てきます。

　個別計画は年間を通してではなく、一人ひとりに合った計画を月ごとに作成します。月単位で計画を立てることで、保育や発達の評価がていねいにできるようになり、さらには行動の発達に合わせてこまやかに計画を立て直すことが可能になります。

【1】計画の立て方

　行動やあそびの観察から、子どものおおよその発達年齢が見えてきます。第3章でも述べたように、もし生活年齢よりも発達年齢のほうが低い（すなわち発達が遅れている）と考えられるようであれば、生活年齢ではなく発達年齢に合わせた個別計画を作成します。このような配慮をすることで、発達を順当に積み上げていくことが可能になります。なお、子どもの発達状況は一人ひとり異なるので、個別計画の作成にあたっては子どもの各領域の発達をていねいに評価することが必要です。

【2】 個別計画の項目

　個別計画の項目は、基本的生活習慣など、子どもが日常生活を過ごす上で必要な視点や、発達の様子を示しているあそびや感覚の様子、保育所保育指針に記載されている5領域などを取り入れ整理します（表8-2）。なお、個別計画の項目は園の方針によって異なります。ここには、障害のある子どもや発達の気になる子どもに対する、各園の個性が出てきます。

【3】 保育者のかかわりと配慮

　前述したように、保育者は、子どもと接するときに自分の価値観や尺度を押しつけてはいけません。子どもも自分なりに価値観や考え方をもっているので、できるだけそれを生かす配慮を心がけたいものです。また、子どもに対しての固定観念や先入観をもたないことが大切です。保育者は子どもの障害や気になる姿と向き合うのではなく、その「子（個）」と向き合うということを心に留めておいてください。

【4】 個別計画の評価（実施評価）

　保育後には、個別計画が子どもにとって適切なものだったのかを評価します（実施評価）。実施評価は「個別計画の評価」なので、「できたか」「できなかったか」など、子どもの行動を直接評価するものではありません。つまり、「保育が子どもの発達をうながしたか」「保育に無理はなかったか」「保育者のかかわりや配慮は適切であったか」など、保育者側を評価するものです。

　評価にあたり気をつけたいのは、単なる反省や感想にならないようにすることです。よく実施できた計画についてはそのポイントを整理し、十分にできなかった計画については、改善点や工夫する点をていねいに整理します。この実施評価を翌月以降の個別計画に生かすことで、持続的かつ向上的に保育をおこなえるようにします（表8-2）。

表8-2 個別計画と実施評価の例

7月　　　個別指導計画　　　作成日：○○年○月○日

名前　○○○○　　（男）・女　　生年月日　○○年　○月　○日生　（3歳8か月）

領域	個別計画	保育士のかかわり・配慮	実施評価（○月○日）
基本的生活習慣（食事・排泄など）	・着替えに関心を示す（自ら着替えることに気持ちを向ける） ・自分で「できた」ということに気づき、自信をもつ ・おもらしした際には自分で気づき、保育士に伝える	・着替えの始まりは保育士が援助するも、ひとりで取り組む場面を設定し、できたときにはきちんとほめる。 ・無理強いはせずに、徐々に取り組む場面を増やしていく。 ・おもらししたことを責めるのではなく、どのようにしたらよいかをその都度伝えていく。	・着替えの取りかかりは援助が必要だが、自分で取り組む場面を設定し、徐々にその設定場面を増やしてくことで、着替えの自立が可能となった。しかし、いまだ取りかかりのみ援助が必要である。援助から声かけで取りかかりができるよう工夫をしていく。 ・責めずに繰り返し伝えることで、保育士に報告することができるようになった。次は、排泄の前に報告できるよう、様子を見ながら声をかけ成功体験を増やしていく。
健康	・自分で手洗い、うがいをおこなう	・手洗いは引き続き自分でおこなえるように、また、できたことをあたりまえとするのではなく、ほめて自信につなげる。 ・強制的に教え込むのではなく、まず、保育士が手本を見せながら一緒におこなう。	・ほめられることで自信をもって行動することへとつながっている。うがいに対しても保育士と一緒におこなうことで徐々に自分でできるようになってきている。しかし、児に任せてしまうと雑におこなうことが多いため、引き続き必要に応じて手本を見せるようにしていく。
言語（ことば）	・他者とのことばのやりとりを楽しむ ・自分で声の大きさをコントロールできるようになる	・まずは、児の話をきちんと聞き、児が「聞いてもらえる」という安心感をもち話ができるようにする。時折、質問をしながらやりとりをする。 ・保育士が話しかける際には、落ち着いた雰囲気と小さな声で話をするなど、自然と児も模倣できる環境を整える。	・保育士とのやりとりや同調（模倣）することが可能となる。また、大きな声で話していることに注意を受けたわけではないため、話すことに抵抗を示すこともなかった。今後は、保育士に注意を向け模倣するだけではなく、周囲の状況に合わせて模倣できるようにしていく。
運動	・自分の身体の動きを知る	・あそびのなかで、さまざまな動きを取り入れるようにする。この際、複雑な動きあるいは多数の動きではなく、単純な動きを繰り返すよう配慮する。 ・きちんと見守り、できたところまでをほめ、自信へとつなげる。	・単調な動きを繰り返しおこなうことで、動きにスムーズさがもてるようになった。また、ほめられたことで自信をもち、自ら身体を動かすことを楽しむようになった。今後は、いくつかの動きを組み合わせ、さらにできる動きを増やしていく。
社会性	・周囲の状況に慣れる	・無理に他児とかかわりをもたせるのではなく、まずは、その場にいることができるようにする。保育士が他児とかかわっている様子を見ることで、徐々にその場に慣れるようにしていく。	・無理にかかわりをもたせるといったことをせず、児のペースに合わせていたことに加え、保育士とのやりとりが増したこともあり、保育士を仲介に他児とかかわることが可能となった。引き続き、保育士を仲介し他児とのかかわりを増やしていく。
感覚	・自ら触れ感覚を楽しむ	・まずは保育士が実際に触れている様子を見せることで安心感を与える。また、汚れた際にはどのように対処をしたらよいのかを事前に伝える（口頭だけではなく実演する）ことで、安心してかかわることができるようにする。	・対処の方法を事前に知ることで、安心して行動に移すことが可能となった。引き続き、きちんと伝える（口頭だけではなく実演する）ことで、安心して行動に移し、成功体験を増やしていく。
あそび	・他者とかかわりをもってあそぶ	・ひとりであそぶことが中心だが、保育士がかかわることが可能なときもある。その状況を見て、一緒にあそぶことが可能かどうかを見極める。 ・決して無理強いはしないよう気をつける。	・無理強いはせず、児のペースで保育士とかかわりをもてる機会をつくった。そのため、児の方から保育士にかかわりを求めてくることが増えた。引き続き、児のペースを大切にしながら、他者（保育者）とのかかわりを増やしていく。
表現	・身体を動かすことに興味をもつ	・無理強いはせず、まずは、その場にいることと周囲の様子を見ることから始める。身体を動かすことの前に、リズムに合わせて手を叩くなど、まずは簡単なことから始めるようにする。この際、できていることに気づくよう声をかけ、自信をもち次へつながるようにする。	・児のできることをほめたことで、自信につながり行動が拡大がった。ほめるだけでなく、表現という視点から、児が保育士の動きを模倣するのではなく、保育士が児の動きを模倣することでさらに自信をつけ、積極的に表現できるようにしていく。
環境	・周囲の環境（戸外）に自ら興味を示し、近づく	・無理強いはせずに、保育士が環境（戸外）にかかわっている様子を見せることで興味をもてるようにする。また、会話のなかで振り返りをおこない、自然と興味がわくようにする。	・無理強いをせずに、保育士の様子を見ることで、徐々に興味をもつことが可能となった。今後は、児が興味をもったことに対して、教え込むといったことはせず、児がどのようにかかわるのかを見守り、環境とのやりとりを楽しめるようにしていく。
家庭より	・生活リズムを整える	・園での様子を保護者にきちんと説明し理解を得る。この際、保護者の状況を理解した上で、伝え方など工夫をする。	・保護者の状況を理解し伝えることで、保護者自身の負担感を軽減することと同時に、園側の意図もきちんと伝えることができた。引き続き、一方的に伝えるのではなく、理解を求めるためにも、保護者の状況をきちんと把握し、連携が取れるようにしていく。
その他※			

※上記項目のほかに特記事項があれば記入する。
①個別指導計画は「個別計画」と「保育士のかかわり・配慮」のみを記入し、月末に実施評価を記入する。
②実施評価と子どもの様子を受けて、翌月の個別計画を作成する。

5. 実施評価の活用

　実施評価は、個別計画や実施の改善以外の目的でも用いられます。

【1】 保護者への伝達に生かす

　障害のある子どもの行動は、園と家庭とで異なる場合があります。園は集団生活の場であり、子ども同士のやりとりが中心になります。一方家庭では、大人が個別にかかわり、その子に対して個別の配慮がなされます。このような環境の違いから、特に、ことばのやりとりや他者とのかかわりなどにおいて、子どもの様子が異なります。そのために、保護者に園での姿を伝えても理解が難しい場合があるのです。そのような場合、個別計画や実施評価などを用いて子どもの実態を伝えることで、保護者の理解が容易になることがあります。また、個別計画には、子どもとかかわる上での配慮や方法が書かれているため、保護者が家庭で子どもとかかわるときのヒントを得ることもできます。

【2】 園内での情報共有に生かす

　一日の大半を過ごす園で子どもが過ごしやすい環境を整えるためには、保育者同士の情報の共有が大切です。実施評価を利用して、保育者間で子どもの情報を共有し対応を統一することで、子どもは「いつ、何を、どのようにすればよいか」という生活の流れがわかりやすくなり、園が楽しい場、安心できる場になります。

　また、ここで保育者のかかわりが共有されることによって、担任（担当）の保育者だけでなく、園全体の保育者それぞれが子どもとどのようにかかわるか、役割を確認することができます。

【3】 専門機関との連携に生かす

　医療的・心理的なケアや発達の相談など、子どもは、専門機関による支援やサポートを受けることがあります。子どもと保護者だけでなく、園もこのような専門機関と連携をする必要があります。子どもの様子を的確に伝えるためには、保育のなかでのねらいや保育の内容をまとめた個別計画や記録、実施評価などを用いながら、子どもの実態を専門機関に伝えることが有効です。就学までに保育と連携をすることが考えられる専門機関については、第13章を参照してください。

【演習課題】

1. 本章で、自己肯定感を高めるためにはほめることが大切だと説明してきました。よいところをほめる練習として、自分の手を見つめて3つ以上ほめてみましょう（例：指が細くてきれいだね）。また、グループになって、ほかの人に対しても3つ以上ほめてみましょう。

2. エピソード8で、マサトくんの母親は、マサトくんのできないところばかり気にしながら話をしていました。この母親の発言を、「○○だけれども、△△ができた」というかたちですべて言い換えてみましょう。

第9章 個々の発達をうながす生活やあそびの環境

▶ *Episode 9-1* ◀ 先生のまねをするようになったワタルくん

4歳のワタルくんは、初めての場所やいつもと違う雰囲気の場所に入ることが苦手です。園では、友だちや保育者に自分からかかわることがなく、いつも電車のおもちゃを並べては横になって眺めています。

運動会の練習が始まったある日の登園時、ワタルくんは園内に入るのを嫌がって、玄関前で大騒ぎをしていました。母親が抱っこをして入ろうとしても激しく抵抗します。そこへ、R先生がワタルくんのお気に入りの電車のおもちゃを持って、ワタルくんを迎えに来ました。R先生は、園庭の隅におもちゃの線路を並べるとワタルくんに声をかけました。「ワタルくん、電車持ってきたよ」。

すると、電車と線路に気づいたワタルくんは母親からスーッと離れ、電車のおもちゃであそび始めたのです。R先生は無理にかかわろうとはせず、ワタルくんのそばであそびを見守っています。自分のペースで過ごすことができたワタルくんは、しばらくすると落ち着いて、R先生と園舎に入っていきました。

この日をきっかけに、ワタルくんにとってR先生が気になる存在になったようです。ワタルくんから「なにしてるの?」とR先生に話しかけたり、R先生の近くに来てまねをしてあそんだりすることが増えてきました。

1. 子どもと外界とのやりとり

　子どもは、自分をとりまく世界すべて（**外界***）とのやりとりを通じて、さまざまなことを身につけていきます。たとえば、子どもが大人とのやりとりによってことばを身につけることは典型的な例でしょう。そのほかにも、「水にさわると冷たい」「低い段差であれば飛び降りても大丈夫」など、直接体験によって外界を知り、かかわり方や、やりとりを学んでいきます。

　ところが、エピソード9-1のワタルくんのように、外界とかかわることが少し苦手な子どももいます。ワタルくんの場合は、運動会の練習が始まったために、園の雰囲気がいつもと違うことを感じて登園を嫌がっていたようです。そこでR先生は、ワタルくんが園でいつも楽しんでいるあそびを見せることで、同じ活動ができるという見通しがわかるようにしました。そして、ワタルくんはいつものあそびを十分におこなうことで落ち着き、園に入ることができました。R先生が、日頃のワタルくんの生活の様子やあそびをよく観察し、ワタルくんのペースに合った援助をした結果、ワタルくんの外界とのかかわりが徐々に拡がっていったことがわかります。

---

*「外界」とは、子どもをとりまく世界すべてのこと。また、本章において「環境」とは、子どもに影響を与えたり、子どもがやりとりをしたりする対象としての外界のこと。

2. 子どもの自発性と保育の環境

【1】 自発性の大切さ

　子どもが外界とかかわったり、やりとりを拡げていくために必要なことのひとつに子どもの**自発性**があります。自発性とは「やってみたい」「さわってみたい」というように、自分から「～したい」と思い、かかわろうとすることです。

　自発性は、子どもに限らず、私たち大人にとっても大切です。たとえば、学校の課題などで「○○について調べてくること」と指示される場合と、自分の趣味に関することを知りたいと思う場合とでは、どちらがより深く広く調べようとするでしょうか。また、より長い時間調べていられるのは、どちらの場合でしょうか。多くの人は、自分の趣味に関する調べものの方が熱心に取り組めるでしょう。このように、自分から「～したい」という自発性は、対象へのかかわりややりとりを拡げるための重要な基盤となります。

　このことからわかるように、子どものかかわりややりとりを拡げるためには、保育のなかに子どもが自発的にかかわりたいと思える環境があることが大切です。そして、その環境を調えていくのが保育者なのです。

【2】 子どもが自らかかわりたくなる環境とは

　子どもを取り巻く環境には、**自然的環境**と**社会的環境**があります。園内の自然的環境には、たとえば、園庭の草木や花、砂場の砂や水などがあります。雪が降る、雷が鳴ることも自然的環境です。一方、社会的環境には、物理的環境（遊具、玩具、教材など）や人的環境（親、保育者、友だちなど）があります。

　ワタルくんは当初、人的環境には興味や関心を示していませんでした。R先生は、ワタルくんが電車のおもちゃ（物理的環境）に関心を示していることを把握しており、それを通してかかわった結果、ワタルくんは人的環境であるR先生にも関心をもち始めたのです。このように「～したい」という意思は、子ども自身が個々にもっている力を最大限に引き出すきっかけになります。したがって、保

育者は子ども一人ひとりがどのようなことに興味や関心をもつのかを、常日頃からよく観察し把握しておくことが大切です。

▶Episode 9-2◀ ダンスのまねをするセイジくん

　セイジくん（4歳）が通う幼稚園で、運動会の練習が始まりました。今日は、ホール（遊戯室）で年中組の出し物のダンスを練習します。セイジくんも支援員のS先生と一緒にホールに行き、みんなと一緒に集まって座っていました。

　担任のT先生がホールにやってくると、子どもたちはみんな立ち上がって「早くやりたい！」と声をあげます。T先生は「そうだね、始めよう！」と答えて、ダンスの音楽をかけました。すると、みんなが踊り始めるなか、セイジくんは突然耳をふさいでホールの隅に置いてあったテーブルの下に隠れてしまいました。

　S先生が、「先生と一緒に座って見ていようね」とセイジくんをうながしましたが、セイジくんは最後までテーブルの下で友だちのダンスを見ていました。ダンスが終わり、みんなはそれぞれクラスに戻っていきました。S先生は、セイジくんの気持ちが落ち着くのを待つため、少し離れた場所で様子を見守っていました。すると、セイジくんはテーブルの下から出てきたかと思うと、誰もいなくなったホールでみんなが踊っていたダンスのまねを始めました。そのセイジくんのダンスは正確で、振り付けどおりのものでした。

3. 外界とかかわる基盤の力

【1】 五感を通して外界とかかわる

エピソード9-2のセイジくんは、耳をふさいで隠れながらも友だちのダンスを見続けていました。そして、みんながいなくなったホールでは、見ていた振り付けを正確に再現する姿がありました。この様子から、セイジくんは音を聞くことには苦手な面がある一方で、目で見て覚えるのはとても得意であるということがわかります。

子どもだけでなく、私たち大人が何かを実行しようとするときも、まず外界から情報を得て行動します。たとえば、食堂で今日食べるものを選ぶときには、まず、メニューやサンプルを見てから考えます。また、会話のなかでは、相手の話や質問内容などをよく聞いてから、自分が話すことを考えます。

第5章でも説明しましたが、見たり聞いたりすることに加えて、さわったり、においを感じたり、味わったりすることによって外界から情報を得る力を**五感**ともいいます（→p.79）。この五感を通して情報を適正に得られることが、外界とかかわる上での基盤になります。

【2】 得意な力を生かして外界とかかわる

セイジくんの場合は、五感のうち聞く力（聴覚）が友だちに比べて過敏であるようです。そのために、音楽が流れると耳をふさいだり、友だちがたくさんいる騒がしい場所が苦手になったりしていると考えられます。一方、見る力（視覚）と見たことを覚える力は、同年齢の友だちより優れているようです。

ということは、セイジくんは、静かなところであれば落ち着いて活動ができる可能性があること、また、見て覚える環境があればいろいろなことを覚えられる可能性があることがわかります。

第5章でも説明したように、子どもが苦手としている感覚（セイジくんの場合は聴覚）を無理に使わせようとせず、得意とする感覚（セイジくんの場合は視覚）を使うことが、外界とのかかわりをより円滑にすることになります。また、エピソード9-3、エピソード10-1でふれますが、子どもが意思をもってかかわることで、苦手な感覚を無理なく使えるようになることもあります。そのような経験を重ねることにより、苦手な感覚への抵抗感も徐々に軽減されます。

4. 外界とのかかわりの拡がり

　前項で説明した、子どもが外界とかかわるときに使う感覚は「**感じる力**」と言い表すことができます。この「感じる力」が育ってくると、さらに外界とのかかわりが拡がり、ほかの力も育ちます。

　子どもは、感じる力によって周囲の様子や自分自身の力がわかると、それを用いて環境にはたらきかけたいと思うようになります。つまり、「〜したい」という興味や関心が芽生えてくるのです。

　興味や関心が芽生えると、子どもは自分なりに環境にかかわろうとします。第2章でパーテンによるあそびの発達の分類を学びましたが、「ひとりあそび」はまさに、子どもが自ら環境にかかわり始めた姿です。いろいろと試しながら環境とかかわるなかで、環境がもつ特性や法則性を知り、さらなるはたらきかけ方を考えるようになります。この段階では、「**考える力**」が育まれているといえます。

また、環境にはたらきかけるとは、自らの意思で身体を動かして実際に対象とかかわることです。このとき、「**行動する力**」が育まれていきます。考えて行動した結果、うまくできれば、子どもは次のかかわり方を考えるでしょう。一方でうまくできなかったときには、かかわり方を工夫したり、考え直したりするでしょう。

　このような試行錯誤の経験を重ねていくと、その経験をもとに、「どこまでできそうか」といった自身の力量や、「今ここで行動してもよいのか」といった状況に対する気づきが育ってきます。すなわち、自身の力量や状況によってかかわりをしてよいかどうか「**判断する力**」が育ってくるのです。この力が育つことで、よりスムーズに考えて行動できるようになっていきます。

　ここまで説明してきたように、子どもは、「感じる」「考える」「判断する」「行動する」という流れを積み上げた結果、自分の意思のもとに行動を実現することができるようになります。なお、それぞれの過程において育つ力を図9-1に例示しました。

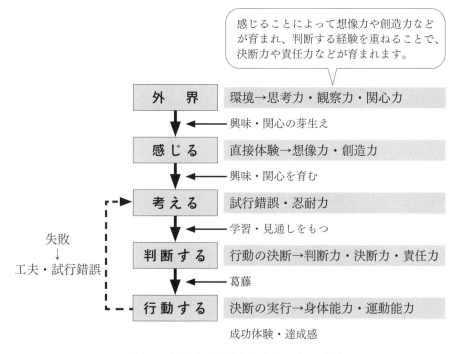

図9-1　子どもが行動を達成するまでの流れ

5. かかわりが拡がらない子どもの理解と援助

▶*Episode 9-3*◀ **手が汚れることが苦手なコウジくんへの援助**

　4歳のコウジくんは自分の手が汚れることがとても苦手で、外あそびをしていても手が汚れると大騒ぎになってしまいます。そのため、土や、草や木をさわってあそぶ姿は見られませんでした。

　ある日、U先生と子どもたちが大きな葉っぱを振ってあそんでいると、コウジくんが興味を示して近くにやってきました。ところがコウジくんは近づいて見ているだけで、葉っぱをさわろうとしません。そこで、U先生は葉っぱの茎をティッシュでくるんでコウジくんに渡しました。すると、コウジくんは抵抗なく葉っぱを手に持ち、U先生と喜んで一緒にあそび始めました。「あっ、コウジくん、葉っぱをじょうずに振れるねぇ」とU先生が話しかけると、コウジくんはとてもうれしそうな顔をして葉っぱをまた振り回し始めました。

　振り回しているうちに、コウジくんの葉っぱが水たまりに落ちてしまいました。U先生はハッとしましたがそのまま見ていると、コウジくんは水たまりから葉っぱを拾ってまた振り回し始めました。この経験をきっかけに、コウジくんは手が汚れることを嫌がらなくなり、土いじりや水あそびをするようになりました。

障害のある子どもや発達が気になる子どもは、図9-1にあげた行動を達成するまでの流れのどこかが滞ってしまうために、かかわりが拡がらないと考えられます。

　エピソード9-3のコウジくんは、手が汚れる感覚が苦手な子どもでした。そのため、「葉っぱであそびたい」と考えていても、経験ができない状況だったのです。そこでU先生は、葉っぱをさわれないコウジくんへの援助として、茎をティッシュでくるんだところ、コウジくんは葉っぱであそぶことができました。

　コウジくんは、葉っぱのあそびをきっかけに、手が汚れる感覚への抵抗感を軽減させ、さまざまなものにさわれるようになっています。このことからも、子どもは経験によって行動が拡がることがわかります。

　コウジくんや、エピソード9-2のセイジくんのように、考える力や行動する力をもっていても、その前の段階を苦手としている場合はかかわりの拡がりが滞ってしまいます。しかし、その苦手な要素に対して保育者が適切に援助をすることで、かかわりを拡げていくことができるのです。図9-1を用いて、子どものかかわりがどこで滞っているのかを把握し、段階に応じた適切な援助ができるよう、しっかり学びを深めてください。

　なお、図9-1に示した流れは、第2章で解説した子どもの発達領域と密接に関連しています。つまり、「考える」は知的能力と、「判断する」は社会性と、「行動する」は運動能力と関連しています。すなわち、「考える」「判断する」「行動する」力の把握は、子どもの**発達評価**と関連しているということです。第2章で説明した発達評価についても、実践的に使えるよう理解を深めておいてください。

6. 子どものかかわりを拡げる保育者の援助

　これまでにあげたエピソードのように、障害のある子どもや発達の気になる子どもは、周囲の環境に気づくことが苦手な場合があります。子どもが環境へのかかわりを拡げていくための、保育者の具体的な援助について考えてみましょう。

❖環境への気づきをうながす

　環境とかかわる上で大前提となるのは、子どもが環境に「気づくこと」です。

　たとえば、4歳を過ぎても、園内で何をすることもなくウロウロとしている子どもがいます。また、何か遊具を見つけても少しさわるものの、あそびが長続きしない子どもがいます。このような子どもは、環境にしっかりと気づけていないことがあります。

　本章の4.で説明したとおり、子どもが環境とかかわるためには、まず、環境に対して興味・関心が芽生えていることが必要です。したがって、このような子どもに対しては、子どもが興味・関心をもつものを保育者が探して、あそびこめるようにうながします。

❖模倣ができる環境を整える

　子どもは、身近な環境とのかかわりを満たすことで、さらに周囲の環境への興味・関心を示すようになります。その興味・関心が人的環境に向いたときに起こるはたらきかけが、**模倣**です。模倣とはその字義のとおり、まねをするということです。発達初期の模倣対象は、保護者や保育者など、特定の情緒的絆（愛着）ができている大人です。

　模倣は、子どもが環境とのかかわりを拡げるための大切な行動なので、保育者は子どもに合ったかたちでそのモデルを示したいものです。一般的な発達では、1歳前後にバイバイを模倣する様子が見られます。しかし、障害がある子どもや発達の気になる子どもの場合、保育者の存在への気づき自体が十分でないことがあります。そのようなときは、保育者への気づきと模倣をうながすために次のようなステップで子どもとかかわることができます。

①保育者が子どものそばに寄り添い、あそびを見守る。

②保育者が子どものあそびを模倣する。

③子どもが保育者やそのあそびに気づき、子どもの方からかかわってきたら、見守りながら、同じようにかかわりを返す。

④子どもからのかかわりの様子を見て（あるいは、なかなかかかわってこなければ）、保育者から子どものあそびにかかわってみる。

⑤保育者が少しずつあそびを拡げながらかかわり、子どものあそびの拡がりや変化を見る。

141

❖目で見てわかるように示す

保育の場において、昼食や衣服の片づけや排泄の自立など、日常生活を自立的に過ごす力を拡げる場合にも、模倣を通じて覚える部分が多くあります。このとき、障害のある子どもや発達の気になる子どもに対しては、してほしい行動を目で見て（視覚からの情報）わかるように保育者が示すと、理解がしやすくなります。第3章の図3-3で示した援助の例をもう一度振り返ってみてください（→p.49）。

❖やりとりを見守る

障害のある子どもや発達の気になる子どもには、一方的なやりとりが多く見られます。やりとりが一方的な子どもの場合、ともすると、保育者は他者との円滑なやりとりの方法や手段をすぐに教えてしまいがちです。

しかし、子どもは、やりとりの経験を重ねるなかで、自分の思いのままにならないことに気づき、そこで他者にも気持ちがあることを学びます。他者の気持ちの推測も、自分の経験を通して育まれるのです。では、一方的なやりとりをしている子どもに対しては、どのような援助が必要なのでしょうか。

本章では、障害のある子どもや発達の気になる子どもでは、「感じる」「考える」「判断する」「実行する」のいずれかの不十分さが、やりとりを滞らせることを説明してきました。保育者がおこなうべきことは、先に方法や手段を教え込むことではなく、まず子どものやりとりが滞る背景を把握することです。ポイントを見極めて援助をおこない、やりとりが円滑におこなわれる経験を重ねていけるよう、見守っていくことが望まれます。

【演習課題】

1. エピソード9-2のセイジくんは、感覚の過敏さなどがあり友だちのなかで活動をするのが苦手なようです。セイジくんに制作活動を経験してほしいとき、どのような環境であれば落ち着いて取り組めるか考えてみましょう。

2. エピソード9-3のコウジくんは、手が汚れることが苦手でしたが、U先生とのあそびを通じて、水たまりに落ちた葉っぱを拾ってあそぶことまでできるようになりました。コウジくんの変化の理由について、グループで話し合ってみましょう。

第10章 他者とのかかわりと育ちあい

▶ *Episode 10-1* ◀ ハルキくんの砂あそびを拡げた保育者のかかわり

　4歳のハルキくんが、砂場でトモヒロくんの泥団子づくりを眺めています。ハルキくんは砂あそびに興味があるものの、手がべたべたになる感触が苦手なので砂にはさわらず見ていることが多い子どもです。

　W先生が「ハルキくんも一緒にやる?」と聞きましたが、「やらなーい」。そこで、W先生はハルキくんのそばで泥団子を作り始めました。W先生が「このお団子、どうすれば固くなるんだろう?」と声をあげると、そばにいたハルキくんが「白い砂をかけるんだよ」と教えてくれました。今まで見ていたので、知っているのです。W先生が「そうか! ハルキくん、ありがとう。そうしたら、先生がお団子作るから、ハルキくんは白い砂をかけてくれる?」と声をかけると、ハルキくんは「いいよ!」と答え、手伝い始めました。しばらくするとハルキくんが「お団子はもっと大きいほうがいいんじゃない?」と言います。W先生は「そっか。じゃあ、大きいのを作ってくれる?」と言ってみました。するとハルキくんは「いいよ!」と答え、トモヒロくんの横で大きな泥団子を作り始めました。W先生はそこでそっと砂場を離れました。

1. 子どもの世界を拡げる保育者のかかわり

　子どもは直接的な経験を繰り返すことで、自分を成長させていきます。そして保育者は、子どもが自発的に経験を重ねていけるよう援助をする立場です。その経験のなかには、「初めてカブト虫にさわれた」（成功）など、プラスの経験もあれば、「お茶をこぼしてしまった」（失敗）など、マイナスな経験もあります。

　プラスの経験をすると、達成感・満足感が自信につながり、さらに次の行動へと意欲を高めるきっかけになります。

　一方で、マイナスの経験も、子ども自身がさらに考えて工夫をすることにつながります。エピソード10-1では、手がべたべたになることが苦手なハルキくんが、保育者の声かけによって、自発的に泥団子を作り始めています。マイナスの経験が行動の拡大につながるかどうかは、保育者や保護者をはじめ、周りの大人の援助に左右されます。子どもが「今までどのような経験をしてきたのか」「今、どのような経験をしているのか／しようとしているのか」「今後、どのような経験が必要なのか」を見極めて、的確に援助する必要があります。

　障害のある子どもや発達が気になる子どもの場合、それぞれの子どもがもつ個性や障害の特徴から、直接的な経験をすること自体が難しい場合があります。たとえば知的な発達が遅れている子どもの場合は、制作活動などをクラスの友だちと同じペースでできないことがあります。そのとき、全体のペースだけを優先して保育者が制作を援助しすぎると、「自分自身でおこなう」という経験が満たされません。

また、失敗をすると気持ちが大きく崩れてしまう子どもの場合、失敗をしないように援助を続けると、いつまでも失敗に対する問題解決が図れません。このような場合は、失敗をしながらも「やり直すとうまくいく」という経験を積み上げていくことが重要です。

　ここでは、このような子どもの経験を保障していくための、子どもの理解の仕方や保育者の配慮について考えていきます。

【1】 子どもの様子を読み取る

　子どもは他者とのかかわりとその拡がりを土台として発達を積み上げていきます。発達にともない他者の存在を知り、それを受け入れ・認め、他者との関係が心地よいものだと知るという過程をたどります。

　他者との関係が心地よいものだと知ると、それをきっかけに経験の幅が拡がっていきます。保育者には、子どもの「個の世界」を他者との世界へと導いていくという役目があります。昨今では幼少期からの虐待が深刻化していますが、保護者から不適切な扱いを受けてきた子どもは、他者との関係を心地よいと思えないかもしれません。このような場合にも、保育者は他者との関係を改善し、かかわりの世界へ導く援助をすることになります。

　子どもは、「個の世界」が満たされて初めて興味が外界へと拡がり、「他者の世界」が見えてくるようになります。たとえば、4歳から5歳頃の、なかなか他児とかかわりをもたずにひとりであそんでいる子どもを想像してみてください。保護者や保育者は他児とあそぶようにうながしますが、やはり気がつくとひとりになっていることがあります。

このような場合、子どもはまだ「個の世界」を満たしている過程にいると考えられます。したがって、この子どもの世界を拡げるためには、保護者や保育者はその子どもの「個の世界」が満たされるように見守ることも大切になります。他者と一対一でかかわる経験が増してくると、次には少人数とかかわるようになります。この少人数のかかわりに移行する際に、保育者が仲立ちして関係を援助することがあります。

ここまで、子どもの世界が拡がる過程を見てきましたが、この過程は障害の有無にかかわらずすべての子どもの発達に当てはまります。ただし、障害がある子どもや発達が気になる子どもの場合は、この拡がりに時間がかかることがありますので、それぞれの子どもの様子を見ながら援助をすることが大切です。

ここからは、子どもの世界が保育の現場ではどのような様子で見られるのか、そしてそのような子どもに保育者はどのようにかかわるのかということについてお話ししたいと思います。

❖個の世界

「個の世界」にいる子どもは、自分の思いのままに、自分の世界のなかで過ごしています。この段階では、ひとりあそびを十分におこなうことが大切です。保育者の立場からすると、もっと積極的にかかわらなければと意気込んでしまい、必要以上に話しかけたり、子どものあそびを無理に展開させようとすることがあります。しかしこれでは、子どもは自分の世界でじっくりとあそびこむことができなくなってしまいます。子どもが集中してあそんでいるときには、その世界を壊さないように、そばで見守ることが大切です。

❖他者との世界（一対一）

前述したとおり、個の世界が満たされると、他者の世界に興味・関心が向くようになります。しかし、子どもが他者の存在に気づくことと、その相手を受け入れられるかどうかは別のことです。保育者と子どもの関係でいえば、無理に関係をつくろうとするのではなく、子どものペースを見て、まずは同じ空間にいることから始めます。そうすると、他者（保育者）がいつもそばにいることがあたりまえになってきます。そして、保育者が子どもの近くで子どもと同じようなことをしていたり、少しずつはたらきかけをすると、次第に子どもは自分の世界に保

育者を受け入れてくれるようになります。

❖他者との世界（少人数）

　障害がある子どもや気になる行動をとる子どもでも、その子どもが保育者と楽しそうに過ごしていると、周りの子どもたちも興味をもって近づき、かかわろうとします。このとき、保育者は様子を見ながら子ども同士でかかわりができるよう仲立ちをします。また、保育者がかかわり方をていねいに示すことで、周りの子どもたちからの印象も「困ったことをする友だち」から「一緒にあそぶと楽しい友だち」や、「何でも知っている友だち」などに変わっていきます。このように、保育者と一対一で築き上げた関係を、子ども同士の関係性の構築へとつなげていきます。そして、集団への活動へと展開させていきます。

❖他者との世界（集団）

　少人数のなかで自分と他者との関係性を構築できるようになると、その関係性の範囲が徐々に拡大していきます。その結果として、集団のなかで活動することが可能になっていきます。そして、もし集団にいることが困難な状況になっても、これまでの少人数のかかわりで関係性を築いた他児や保育者に見守られ、その場に留まることができるようになります。このとき保育者は、集団で過ごすことが難しい子どもと率先してかかわるのではなく、子ども同士のやりとりを見守り、時には援助をしながら、すべての子どもの社会性が育つよう配慮をします。

　このように保育現場で見られる子どもの世界を理解すると、目の前にいる子どもたちの状況により、保育者のかかわりをどう工夫していけばよいかを理解できます。

p.145であげた、ひとりでいることを好み集団のなかに入ることが難しい子ども
もについて、その理解と配慮をより具体的に考えてみましょう。この子どもの場
合、保育者とのかかわりができているかを確認し、できていないようであれば
「個の世界」で過ごしていると考えます。そこで無理に集団に入れるのではなく、
個の世界を壊さないように、次の他者との世界（一対一）へと導くようにします。

　「集団に入れない」といった行動だけに目を向けてしまうと、子どもの実態を
把握できなくなります。その結果、個別計画（月ごと）を作成する際にも、集団
に入れるようにしなければと躍起になり、課題が高く設定されてしまいます。本
来の子どもの世界を知れば、躍起になる必要はなく、その子どもに合った課題の
設定が可能となっていきます。

【2】 経験から学ぶことの理解

▶*Episode 10-2*◀ 気持ちをうまく伝えられないツカサくん

　4歳のツカサくんは、恐竜の絵を描くことが得意な男の子です。周りの友だち
は「じょうずだね」と声をかけますが、ツカサくんは「全然じょうずじゃない！
あっち行って」などと反発します。ふだんも、友だちに「おまえなんか、きらい
だ」などと乱暴なことばをかけたり、いやがるようなことをわざとするので、担
任のY先生は対応に困っています。

　一見すると、ツカサくんは他者にやさしくできないように見えます。このよう
な姿に対して、保育者はつい口頭で「やさしくしなさい！」「意地悪はしません」
などと伝えてしまうことがあります。しかし、それではツカサくんは理解できな
いかもしれません。なぜなら、「やさしさ」や「やさしくする」ということ自体
が理解できていない可能性があるからです。その背景としては、周りとの関係が
うまく築けない特性をもっていたり、やさしくされた経験（たとえば温かな口調
で肯定的なことばをかけてもらうなど）に乏しいことがあります。では、このよう
な子どもに対する保育者のかかわりについて、「やさしさ」を例にしながら考え
てみましょう。

子どもに「やさしさ」を伝えるための援助の例

★前提として、保育者とのかかわり（他者との一対一の世界）ができているかを確認する
（p.146参照）

①子ども自身がやさしさを経験できる（感じる）ように
保育者が十分に接する

がまんしないで
泣いても いいんだよ

いたかったよね

②子どもがやさしさを示す行動をしたときに
は、それが「やさしい」行動であることを
ことばで伝える

お手伝いして
くれるの？

わあ
やさしいなあ
ありがとう！

★これを繰り返すことで、やさしい行動とやさしさということばを一致できるようにする
★「やさしさとはこういうことだ!」と教え込む必要はない

援助の際に気をつけたいことは、子どもが、「やさしくされた」という経験を十分にできるようにすることです。少し大げさになってもかまいません。わかりやすくやさしさを示し、ことばとの一致を図りましょう。

繰り返しますが、子どもは自ら直接経験を重ねることで自分を成長させていきます。経験は、日常生活のなかで自然に積まれていく経験と、大人が意図的につくる経験（行事など）に大きく分けることができます。前者の経験は、安定した自立的生活を送るためには欠かせないものです。

【3】子どもの視点からの経験

子どもは、日常生活やあそびのなかで、さまざまな経験を自然に積み重ねていくことが望まれます。子どもが主体的に経験することが、好奇心や探究心の芽生えとなり、さらに独創的、積極的な行動のきっかけとなるからです。そのように考えると、保育者には、「経験させる」という意識ではなく、「どのようにすれば、子どもたちが主体的に活動に取り組めるか」という視点に立って、保育を考えることが求められます。このように考えると、「できたか」「できないか」という結果ではなく、子どもが結果に向かう過程に対して、保育者自身が意識を向けられるようになります。そして一つひとつの過程において経験を共感できる保育者がいることで、子どもはさらに経験を重ねることや発展させることができるようになっていきます。

2. 集団保育における配慮

近年、保育の場においても障害や気になる発達について学ぶ機会が多くなりました。そのような状況下で、保育者が、子どもの気になる姿から障害を仮定してしまうこともあるようです。子どもの個々の様子をていねいに見ることなく、仮定した障害名に合わせた配慮を考えて実施してしまう例が少なからずあります。

障害や気になる様子が共通していても、子どもの様子は一人ひとり異なり、配慮の仕方もそれぞれ異なります。その子どものもつ特性に加えて、育ってきた環境やこれまでにかかわってきた人たち、現在の環境や今かかわっている人たちな

どにも影響されるからです。

　障害のある子どもや発達が気になる子どもにとって、保育者や一緒に過ごす子どもたちも、影響し合う重要な存在です。したがって、集団保育における配慮を考える上では、障害のある子どもや発達が気になる子どもへの個別の配慮と同時に、その子どもを取り巻く集団への配慮が必要となります。

【1】 集団保育における個別の配慮

　保育所や幼稚園などといった集団生活の場は、ほとんどの子どもにとって初めて出会う集団社会です。保育の現場では、子どもが社会における生活スキル（生活経験）を身につけられるよう配慮がなされます。しかし、障害のある子どもや発達が気になる子どもは、「行動の切り替えが苦手」「手あそびがまねできない」「指示が入らない」「友だちに手を出す」など、集団生活への適応が難しい様子が見られることがあり、集団であるがゆえに生活経験の蓄積が難しい現状があります。

　たとえば、「友だちに手を出す」子どもは、ことばで自分の感情を説明することが難しいのかもしれません。また、「指示が入らない」子どもは、集団のなかでの話しかけが自分にも向いていると理解できていないかもしれません。また、「行動の切り替えが苦手」な子どもは、周囲で起こっている行動に気づかなかったり、次にすることの見通しが立たないからかもしれません。

　ここであげたような様子は、保育者からは集団と動きが合わない姿ととらえられ、日常生活のなかでは指導の対象になったり、制止を受ける傾向があります。

しかし、ここで例示したような様子は、「個の世界」から出ておらず「他者の世界」に気づいていない状態なのです（→p.146）。したがって、「友だちに手を出す」子どもであれば、保育者がその気持ちをことばで代弁することや、「指示が入らない」子どもであれば、わかりやすく個別に指示を伝えることが大切です。また、「行動の切り替えが苦手」な子どもには、次に何が起こるのかを前もって伝える、周囲で起こっていることを個別に伝えるなどして、他者の世界への気づきをうながすことになります。

このように、保育者が個別の配慮やかかわりをすることで、子ども自身の活動を達成することが可能になります。そして、子どもは経験を積み上げるなかで「個の世界」が満たされ、自分でできることが増えて、達成感や自己有能感が高まります。そして周囲への関心が芽生え、その結果として他者の世界に気づいて入っていくことができるようになるのです。

【2】 集団への配慮

子どもは周囲の様子をよく観察し、まねをしています。まねをする対象にはもちろん、保育者の行動も含まれています。つまり、保育者は子どもの行動のモデルとなる存在だといえます。

保育者が障害のある子どもや発達が気になる子どもに対してどのように接しているかを、周りの子どもは見ています。保育者が戸惑いを見せたり、かかわり方がいいかげんだったり、否定的になってしまうと、子どもたちも同じようにふるまいます。次のエピソードを見てみましょう。

▶ *Episode 10-3* ◀ 感覚が過敏なアオイちゃん

ある幼稚園の4歳児クラス・もも組での出来事です。もも組には、自閉スペクトラム症の傾向があるアオイちゃんがいます。アオイちゃんはクラスでの集まりのときに落ち着かず、すぐに立ち歩いてしまいます。また、ロッカーなど高いところに登りたがるので、担任のA先生は対応に困っています。

実は、アオイちゃんには自閉スペクトラム症の特徴である感覚の過敏さがあるため、友だちの声や音を聞くこと（聴覚の過敏さ）や、友だちと近くに並んで座

ること（触覚の過敏さ）が苦手なのですが、A先生はアオイちゃんのそのような過敏さを知りません。そのため、アオイちゃんが立ち歩いたりロッカーに登ることに対して、その都度、否定的な態度や制止の声かけをしています。その結果、クラスの子どもたちもアオイちゃんに否定的な態度をとるようになり、アオイちゃんとかかわることをしなくなってしまいました。

　担任のA先生は、自閉スペクトラム症については学んでおり、その特徴のひとつとされる偏食やこだわりについてはある程度の理解がありました。しかし、立ち歩くことやロッカーに登ることについては、感覚の過敏さという特徴と結びつけることができていません。A先生がアオイちゃんに対して否定的なかかわり方を続けた結果、ほかの子どもたちも同様のかかわりになってしまったのです。

▶Episode 10-4◀ 気持ちが崩れやすいトオルくん

　ある保育園の5歳児クラス・ひまわり組には、自閉スペクトラム症のトオルくんがいます。トオルくんのクラスの担任であるB先生は、トオルくんのことをよく理解し関係も良好です。クラスの子どもたちも、トオルくんをクラスの一員として受け入れて、トオルくんの行動を肯定的にとらえることができています。子どもたちは、トオルくんにできないことがあると上手に手伝い、トオルくんが部屋から出ていってしまったときには迎えに行きます。

　しかし、トオルくんが混乱したり気持ちが不安定になっているときには、友だちが手伝ったり迎えに行ったりしても、受け入れてもらえないことが多くあります。そのため、一部の子どもたちは、トオルくんに近づきにくくなっているようです。

このように、クラスの友だちがトオルくんを受け入れている状態でも、保育者はさらに気をつけることがあります。それは、障害のある子どもや発達が気になる子どものなかには、自分のペースが崩れることや相手の気持ちを理解することが苦手な子どもがいるため、友だちが手伝う、迎えに行く、やさしく声をかけるなどといった行動を受け入れられない場合があるということです。このようなとき、保育者は周りの子どもたちに対して、トオルくんの今の状況を説明したり、トオルくんがなぜ行動を受け入れられなかったのかを予測して伝えていくことが必要です。また、トオルくんに対する子どもたちの行動をあたりまえと考えるのではなく、その都度きちんと認めてほめる、そのときのトオルくんの気持ちを代弁して伝えるといったことが、トオルくんと子どもたちの関係性を保つために大切になってきます。そのためには、保育者が常にトオルくんの状態を理解し心情を察することが重要です。

　このように集団保育では、障害のある子どもや発達の気になる子どもに対しての配慮だけでなく、クラスの子どもたち（母集団）への配慮や関係性の築きを常に考えることも大切なのです。

【演習課題】

1. 子どもが他者との世界（集団）を築けるようになるまでに、どのようなあそびが見られるかを、以下の段階に沿って具体的にあげてみましょう。

　①個の世界

　②他者との世界（一対一）

　③他者との世界（少人数）

　④他者との世界（集団）

2. エピソード10-4のトオルくんが落ち着いて園生活を送るためには、どのような配慮ができるでしょうか。第5章や第6章なども参考にしながら、トオルくんへのかかわり、ほかの子どもたちへのはたらきかけ、それぞれについて考えてみましょう。

第11章 職員間の協力関係

▶*Episode 11-1*◀ **お集まりに参加できないジュンヤくん**

　さくら組（4歳児クラス・年中）で朝の会が始まりました。担任のC先生は出欠を取り、今日の活動の説明をしようとしています。しかし、ジュンヤくんは今日も落ち着いて座っていることができません。C先生が話を始めると、それを妨げるように自分の話をしたり、友だちにちょっかいを出したりします。

　C先生は「しないでほしいよ」とその都度伝えますが、ジュンヤくんの行動は収まりません。しばらくすると、ジュンヤくんは部屋から出ていってしまいました。C先生は「お部屋に入るよ」と追いかけようとしますが、その間にクラスがざわつき始めてしまい、C先生は対応に困ってしまいました。

1. 職員間で協力してかかわる

【1】 情報共有と合理的配慮

　クラスの集まりで落ち着いていられない、保育室にいられない子どもへのかかわりについて考えてみましょう。クラスをひとりで担任している場合には、このような子どもとクラス全体への配慮を同時にすることになりますが、エピソード11-1のC先生のようにそれが難しくなる場合があります。

　ジュンヤくんは、なぜ朝の会の最中に保育室から出ていってしまったのでしょうか。もし、C先生が追いかけて連れ戻さなければ、どうしていたでしょうか。もしかすると、事務室や職員室に行って、ほかの先生と話をしていたかもしれませんし、廊下にある絵本コーナーで本を読み出したかもしれません。このように、ジュンヤくんは自分が落ち着ける場所を探すために出ていった可能性も考えられます。

　だとすれば、ジュンヤくんは事務室や職員室などでほかの先生としばらく話をすることで、落ち着いてクラスの活動に戻ってくることも考えられるでしょう。つまり、このようなケースでは、ジュンヤくんが落ち着いていられる環境をつくることが、改善策を考える上でのひとつの視点となります。

　しかし、クラスで子どもを見ている担任ひとりだけでは、ジュンヤくんの様子を十分に把握することはできません。したがって、園全体でジュンヤくんの様子を観察し、配慮を考えることが大切です。

　このように集団での保育が難しい子どもに対し、園はその状態に合わせて「環境を調整する」「特別な教具・教材を使用する」「個別の指導計画を作成し活動に柔軟性をもたせる」などの配慮をします。このような配慮は園や職員、費用などの面で過度な負担がかからないよう、またほかの子どもへの配慮と大きな差が出ないよう無理のない範囲でおこないます（これを**合理的配慮**といいます）。そのため、合理的配慮を考える際には、何を、どのように、どこまで配慮する（できる）か、園全体で話し合うことが必要になります。

【2】 職員間の連携の実際

▶Episode 11-2◀ 自信がなくなってきたD先生

　在勤3年目のD先生は、今年初めてクラス担任（5歳児クラス・年長）になりました。6月に入りクラスもだいぶ落ち着いてきています。しかし、自閉スペクトラム症のあるユイちゃんは、保育室やクラス全体の雰囲気が変わったことにまだ慣れないようです。クラスの活動が始まると、昨年の担任だったE先生のクラスに行ったり、昨年いた保育室のF先生のクラスに行くことがあります。また、保護者もユイちゃんのことをE先生に相談しているようです。E先生は、そのたびにユイちゃんの様子や保護者からの話をD先生に伝えてくれます。またF先生も、ユイちゃんが落ち着いた頃にD先生のクラスまで連れてきてくれますが、D先生は担任として自信がなくなってきました。

　第6章でも説明したように、自閉スペクトラム症のある子どもは、自分のもつイメージが変化することへの適応が難しかったり、慣れるまで時間がかかったりします。ユイちゃんにもそのような姿が見られます。

　ここで大切にしたいのは、ユイちゃんがD先生に慣れるまでの間、どうすれば落ち着いて園生活を過ごすことができるかということです。ユイちゃんも保護者も、E先生にいろいろと話をしているので、現段階ではE先生に情報を得る役割になってもらい、D先生はそれを共有することによって保育を工夫できます。そのなかでユイちゃんの落ち着いた生活を目指し、徐々にD先生が直接情報を得られるようにしていけばよいのです。また、F先生とも相談をして、ユイちゃんへの配慮を一部お願いすることもできます。

　すなわち、保育、とくに気になる姿を示す子どもの保育は担任だけで実践しようとせず、園全体で話し合って、役割を決めて配慮をしていきます。そのためには子どもの様子を広い視野で把握し、他者にわかりやすく伝える（共有する）力を身につけることが大切です。園全体あるいは関連する職員を含めて、ひとりの子どもの保育について考える場として事例検討会があります。そこで次項では、事例検討会を用いて子どもの情報を共有する方法について説明をします。

2. 情報共有の方法

【1】 事例検討会の目的と役割

❖事例検討の目的

　エピソード11-2のD先生のように、保育者なら誰でも自分の保育に迷うことがあります。そのようなとき、ほかの保育者とお互いの役割を確認したり、今後の役割の改善を計画的に考える必要が出てきます。

　このような保育上の課題があるときに、園内で職員が集まり、ほかの職員の客観的な意見を聞いたり、解決策を考えたりする集まりを**事例検討会**といいます。事例検討会は、**ケースカンファレンス**や、**カンファレンス**などと呼ばれることもあります*。事例検討会は、通常、園内の職員でおこないます。ただし、たとえば就学に関する課題や家庭での生活を含む課題（虐待）などを扱う場合には、園外の専門機関の職員（保健師や児童相談所の職員、学校の教員など）が参加する場合もあります。

事例検討の形式は園によって異なります。下図のように
保育室で実施したり、職員室で職員会議と同時に実施した
りするなど、さまざまです。

*ケースとはひとつの「事例」のこと。カンファレンスとは「会議」や「検討会」のこと。

❖事例検討会の意義

　事例検討会の意義は、大きくいうと2つあります。それは保育上の問題解決と情報共有です。ここでは、それぞれの意義について解説し、検討会の具体的な進め方については【2】で説明します。

問題解決

　問題解決の流れ：①保育の現状の確認・分析→②必要な援助の検討→③①と②をもとに保育方針と計画を提案・協議

　たとえばエピソード11-1であれば、朝の会で落ち着いていることが難しいジュンヤくんは「いつ、どのような状況だと落ち着かないのか」「どのような状況だと落ち着くのか」などの現状をあげて分析します（①）。その結果、落ち着いて過ごせる状況が想定されてきたら、それをどのように保育のなかで実践するか（たとえば「どこで気持ちを落ち着けるか」「クラス活動にはいつどのようなタイミングで参加するか」「どこまでクラス活動に参加すればよしとするか」など）の方針（②）とそれに基づいた個別計画を考えます（③）。

　なお、分析や検討をしたものの、改善のための手立てが見つかりにくい場合には、「こうすれば改善するかもしれない」と考えられる仮説をもとに計画を作成します。あるいは、巡回相談（→p.210）で外部の専門家の意見を受けることもあります。

情報共有

　参加者間で、①子どもに関する情報や共通の保育目標・方法と、②それぞれの役割分担を確認します。

　たとえばエピソード11-2であれば、進級後のクラスに慣れないユイちゃんについて、徐々にクラスに慣れるように援助していくという保育の目標（①）を事例検討会で共有します。そして、E先生やF先生にはこれまでどおり、ユイちゃんが落ち着くまでは各クラスで見守ってもらうことを確認します（②）。さらに、補助の保育者がつくなど、ユイちゃんが自分自身のクラス活動にも徐々に参加できるように援助していく方法も確認します。また、保護者からの相談も、E先生がこれまでどおり受けながら、徐々にD先生に相談先が変わるようにするなどの目標を立て、その方法を検討します。

ここでは、「保育方針や計画の実践のための情報共有」について説明をしてきました（「問題解決」の次の段階）。もちろん、問題解決の前の段階で、現状の情報共有をおこなうこともあります。どのような情報を共有するかについては表11-1で説明します。

　事例検討会の意義には、問題解決と情報共有のほかに、参加者間での教育的効果もあります。他者と話したり、話を聞くことで新たな発見をしたり、知識を得ることができるという効果です。具体的な効果の例をいくつかあげてみます。

子どもの行動の理解の幅が広がる

　保育者が気になる、改善したいと思う子どもの行動の背景には、子どもが困っていることがあるかもしれません。たとえば、エピソード11-1のジュンヤくんは、クラスの活動のときに部屋から出ていってしまいますが、もしかするとざわざわした雰囲気や友だちが大勢いる部屋は、あたかも私たちが満員電車のなかにいるように、落ち着かない空間なのかもしれません。事例検討会のなかでそのような意見が出ると、子どもの行動の理解の幅が広がります。ほかの参加者の話をよく聞いて受容することは、保育者の成長のためにもとても大切なのです。

他職種の役割の理解

　子どもの気になる行動を見て、診断名を決めることは保育者の仕事ではありません。もちろんこれは医療機関でおこなわれることです。医療機関のほかにも、子どもの発達を支えるためにさまざまな専門職があります。

　保育者は子どもの日中の生活の安全を保障し、その発達をうながす保育をおこなうことで、子どものもつ力を最大限に伸ばす専門職です。もし、子どもの発達や生活状況などに、保育者の役割を超えた援助が必要な場合には、各専門職から支援を受けます。事例検討会では、他職種へつなげる支援や協力関係を検討するなかで、それぞれの専門職としての役割を理解することができます。

地域の社会資源などの理解

　他職種の役割の理解とも関連しますが、地域には医療機関をはじめとして、保健センターや児童相談所、療育機関、大学等の発達相談室など、子どもの発達を支えるさまざまな**社会資源**があります。子どもの発達の様子や保護者の子育ての方針により、このような社会資源を使うこととなりますが、実態は地域によって異なります。事例検討会を通じて、その地域で利用できる専門機関やその利用の仕方がわかったり、民間でおこなわれている地域の発達支援事業など、参加者がそれぞれもっている情報を共有することができます。

保育の計画の作成能力の向上

　保育者は、経験豊富な先輩保育者やほかの参加者から、子どもの行動の理解や援助方法についての意見を聞くことで、自らの保育の幅を広げることができます。また、そのような意見をもとに保育の計画を作成し、実践・評価をおこなう機会を得ることで、自らの保育の計画の作成能力を高めることもできます。自分の保育に対して意見を受けたり評価をされたりすることには緊張する面もありますが、保育の質を高める上でも、他者の意見を聞けるこのような機会を積極的に活用しましょう。

【2】 事例検討会の進め方

❖事例検討会の流れ

園内でおこなう事例検討会は、事例を報告する報告者と意見を述べる参加者から成り立ちます。事例検討会の流れは図11-1に示しました。

まず、報告者から、検討の対象者（子ども・保護者）の情報が報告され、参加者が「①対象者と状況の理解」をします。次に、報告者がおこなってきた保育実践の経過とその結果が報告され、参加者は「②保育実践経過の理解」をします。これらの情報をもとに、参加者は「③問題状況の検討（分析）」をし、その結果をもとに「④保育方針・計画の検討」をおこないます。

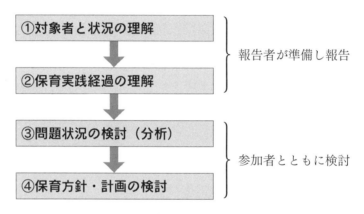

図11-1　事例検討会の流れ

対象者と状況の理解

事例検討をおこなうにあたり、報告者は参加者に対して、対象者の氏名（イニシャルや伏字で記載）のほか、①基本事項、②ADL（→p.37）の様子、③保育環境、④発達状況、⑤ほかの機関からの記録などを報告します。それぞれの具体的な記載事項は、表11-1を参照してください。

表11-1 対象者と状況の理解のための情報

分類	項目	記載例
①基本事項	・生年月日と年齢（月齢） ・生育歴 ・出生時の様子 ・既往歴 ・家族構成	・2008年6月7日／3歳8か月 ・授乳：母乳／初語：1歳8か月／始歩：1歳1か月 ・出生時体重：2,780g／妊娠39週3日 ・特になし ・父（32歳）、母（32歳）、兄（5歳）、本児
②ADLの様子	・移動 ・摂食 ・排泄（大） ・排泄（小） ・衣服の着脱 ・言語理解 ・言語表出	・自立歩行可。転びやすい。 ・箸の使用可。偏食なし。食べるペースが速い。 ・自立している。布パンツ使用。 ・自立している。布パンツ使用。 ・自立している。 ・ほぼ理解しているが指示が通らないことが多い。 ・質問に対する答えがかみ合わないことがある。
③保育環境	・クラス編成 ・保育者の配置 ・保育者や他児とのかかわり	・22名（男10名、女12名）＊うちダウン症児1名 ・担任2名 ・他児とあまりかかわらない。あそびを見つけられずにうろうろしていることが多い。困ったことがあると担任のところに来るが、ことばで訴えることは難しい。
④発達状況	・知的発達（言語発達） ・運動発達 ・社会性の発達	別紙添付の発達検査（遠城寺式）を参照
⑤ほかの機関からの記録	・医療機関 ・保健機関 ・療育機関 ・そのほかの機関	・特になし ・1歳半健診でことばの遅れを指摘された。 ・特になし ・特になし

163

保育実践経過の理解

　参加者に対して、保育実践経過として以下の内容を報告します。

・対象者のどの行動が気になったのか、なぜそれを問題と考えたのか。

・報告者がその行動の理由や背景をどのように考え、改善のためにどのような保育を計画したか。

・その保育を実践した結果、子どもの様子にどのような変化が見られたか（あるいは見られなかったか）。

これらを踏まえ、現状で何が問題であるのかを参加者に説明します。

問題状況の検討（分析）

これまでの情報を踏まえ、参加者とともに問題状況を検討します。検討のポイントは、次の3点です。

・本当にそれは「問題」なのか。

・問題であるならば、何を、いつ頃までに、どうしたいのか。

・実践する必要があるのか。

そもそも報告者が報告する内容は、参加者からは問題と見なされないかもしれません。たとえば、これまで友だちとのかかわりをもとうとしなかった子どもが、友だちにちょっかいを出すようになったという報告は、参加者からすると、他者への興味が出てきたというよい評価になるかもしれません。

問題と考えられる場合は、それを改善する期限と具体的内容を検討します。たとえば、「今年度中に集団に参加できるようにしたい」「夏までに保護者に子どもの気になる様子を伝えたい」などです。

保育方針・計画の検討

問題状況に対する改善のための具体的な内容が決まったら、これを保育のなかでどのように実践するかを検討します。検討のポイントは、保育の体制と進め方です。

日々の保育では、対象児への配慮のみをおこなうことはできません。母集団との関連のなかでどこまでできるのかを検討する必要があります。また、保育者の

専門性からどこまで実践し、どこからをほかの専門職に委ねるか、職員をどのように配置し役割を分担するかといったことも検討が必要です。

　これらを踏まえた上で、問題状況の改善のために、いつまでに、どのような体制で、どこまで援助をするかを個別の指導計画（→p.126-）として作成します。

　個別の指導計画を一定期間実施した後、事例検討会を開いて**実施評価**をおこないます。実施評価とは、問題の改善状況など、援助の妥当性について確認と評価をすることです（→p.127）。問題が改善されていれば、終結あるいは次の課題への対応を考え、改善が不十分であれば再度計画を作成しなおすこととなります。保育者は、保育実践の後にきちんと評価ができるように計画を作成する必要があります。

　なお、保育者は、日々の保育や援助で知り得た子どもや保護者の情報をむやみに他者に伝えてはいけません。これを**守秘義務**といいます。事例検討会においても、対象者の詳細な個人情報が扱われますが、特別な事情がない限り、事例検討会以外の場においてこの情報を公言してはいけません。

【演習課題】

事例検討会の報告者になることを想定してください。報告の対象者（子ども）の状況を報告するためには、対象者の情報を調べることが必要でした。表11-1（p.163）の分類にある「①基本事項」から「⑤ほかの機関からの記録」は、どのようにして調べることができるでしょうか。グループで整理してみましょう。

第IV部　家庭および関係機関との連携

第IV部では、さまざまな療育資源について学びます。障害のある子どもが充実した園生活を送るためには、保育者・家庭・専門機関の連携が欠かせません。保護者への援助の基本と実践方法、療育資源の役割などについて学びます。

第12章 家庭や関係機関との連携

▶*Episode 12-1*◀ 問題に気づいてくれない母親

　年長のマナブくんは、同年齢の子どもたちに比べてがまんすることが苦手なようです。担任の保育者がリードして、ホール（遊戯室）でみんなでリズムあそびをするときにもプイッと部屋から出ていってしまいます。ホールに連れ戻すと、今度は激しく泣いて暴れて抵抗します。

　「障害か何か別の問題があるのかもしれない……」。マナブくんの様子を見続けてそう考えた担任は、母親が園を訪れた際に職員室に来てもらい、話をしようとしました。ところが、マナブくんの母親は「男の子ってそんなものじゃないんですか？　わが家では、マナブはふつうに過ごしていますよ」と言って、全くとりあってくれません。

1. 子どもに障害が疑われたときの保護者の気持ち

【1】障害の受容が困難なとき

　園で子どもに気になる行動が見られ、複数の保育者の見解が一致していても、保護者が子どもの問題状況を受け容れないことがあります。場合によっては、園と保護者との間でトラブルに進展してしまうこともあります。そのため、このような場合には、慎重な対応がとても大切です。

　問題状況を保護者が受け容れることができないときは、子どもの問題状況に気づいていない場合と、気づいてはいるが受け容れ認めることができない場合に大別できます。

❖保護者が子どもの問題に気づいていない場合

　保護者が、さまざまな理由で子どもの問題に気づくことができない場合があります。たとえば、日々の生活のなかで子どもの姿を観察する余裕がない、特に、経済的な問題や家族内の不和、職場の問題などの大きなストレスの種を抱えていて、とても子どもに目を向けていられないといった状態があります。また、子育てに必要な知識や経験にとぼしいために、わが子の問題がわからない、理解できないといった事態もあります。園に通っている子どもを園のなかで育てていくだけでなく、保護者としての親の育ちを支援していくこと、つまり、親ごと子どもの育ちを支援していく視点も、この時代の保育には必要です。

❖子どもの問題に気づいてはいるが、受け容れ、認めることができない場合

　さまざまな事情によって、保護者が問題の所在に気づいてはいるがそれを受け容れ認めることができない場合もよくあります。

　たとえば、親戚やほかの近しい関係になんらかの発達障害がある子どもがいて、激しいパニックや頻繁なトラブルなど、大変な様子を見知っている場合です。保護者は、発達障害のある子どもとわが子の姿との類似性に気づいてはいるものの、現状から目をそむけてしまっています。このような場合、保護者が認めないのだ

からどうしようもないとして放置しておくと、深刻な事態を招きかねません。保護者が認めようが認めまいが、子どもがトラブルに遭遇しやすくなるだけでなく、子どもの問題を否定しようとする保護者の動きがかえって子どもの行動傾向を悪化させたり、保護者がトラブルをきっかけに逆上して虐待のような行為にエスカレートしてしまう危険性があるからです。

子どもの問題を背負い込む保護者

　子育ては母親だけが背負うものではなく、父親を含めた家族全体で、また、地域のような大きなコミュニティーの資源を生かしながらおこなうという考え方がアピールされるようになってきました。しかし現実には、母親が責任の多くを背負い込んでしまっている、あるいは、背負わされてしまっているケースが多くみられます。このような場合の母親は、「子どもの問題の原因は、自分の子育てにある」と思い込み、自らを責めすぎるがあまりに、問題を指摘されることを避けたり、問題を解決していくための積極的な姿勢に転じることができなくなったりする場合があります。

　発達障害の診断がつくことで、保護者が、子どものトラブルの原因が自分の子育てのせいではなかったのだと知ってほっとするといった事例は度々あります。それまでの過程のなかで、保護者が子育て上の問題に耐えられずに抑うつなどの状態になってしまったため、保護者への医療的なかかわりが先に必要な場合もあり得ます。

また昨今は、インターネットやマスメディアの報道を介して、子どもの保護者も発達障害に関する知識をさまざまなかたちで入手することができるようになりました。ところが、これらの情報は断片的なことが多いため、中途半端な知識にとどまったり、誤った理解をしてしまうこともあるのです。

　幼児期の子どもは、不適切なかかわりを受ける環境で日々生活していると、激しい攻撃性や多動性を示すことがあります。あるいは逆に、おびえ縮こまって周囲の保育者や子どもたちとのコミュニケーションが減少したり、存分にあそべなかったりすることも多くあります。虐待のような不適切なかかわりをしてしまっている場合、養育者は、子どもの困った行動の原因が不適切なかかわりにあると薄々感じています。しかし虐待を認めるわけにいかないために、子どもの問題の所在をも受け容れることができなくなっている場合があります。

保護者がもつ背景を視野に入れた支援

　子どもに発達障害の兆候が見られる場合、父親や母親のいずれか、あるいは、その双方が発達障害の特性をもっている場合もあります。このような保護者は、発達障害の理解や支援がほとんど受けられない時代のなかで育ちながらも、なんとか社会に適応し、結婚や子育てにまで行き着いてきたのです。このような親にとって、子どもの発達障害を受け容れることは、自分自身の障害を受け容れることでもあります。

　障害を理解し受け容れることによって、自らの育ちについての理解をわが子の理解や子育ての応用につなげていける保護者もいるのですが、そこに至るまでには、さまざまな支援や保護者自身の努力が必要な場合が多いのです。障害児保育の入り口には、まず、ここに乗り越えなければならない関門があります。これを乗り越えていくためには、保育者の支援の力量と、チームプレイを磨いていく日々の努力が肝要です。

　なお、子どもの問題に対処していく際には、家族のなかで、誰が柱になれる存在なのかを把握しておくことも大切です。たとえば、子どもの発達状況については母親が最も多くの情報をもっており、また園との交渉も母親が担当することが多いのですが、母親の抑うつなどの問題がすでに重篤な場合には、問題に対処していく中心者となることは難しいでしょう。父親や子どもの祖父母などのうち、誰かがキーマンとなって家族を支える必要があります。母親が調子を回復できる

171

第12章　家庭や関係機関との連携

までの間、父親だけで家族を支えることができる状況か、あるいは祖父母の支援が得られるかどうか、児童相談所や保健所や児童福祉施設などの援助が必要か否かを、園が判断して提案することもあります。幼稚園や保育所や認定こども園は、子どもの家庭に最も身近な専門機関なのです。

【2】できないことではなく、できることに目を向ける

　保護者に子どもの問題状況を伝えることに成功し、あるいは、保護者自身が問題に気づいて園との相談がおこなわれると、そこから保育臨床の活動が始まります。保育者の、子どものための専門性が試される場面です。

　この際に多くの保護者や保育者が陥ってしまう罠は、子どもの問題行動や、特定の行動・課題ができないことに目を向けすぎてしまうことです。子どもの問題の内容を、行動観察や行動評価を用いて客観的に把握することが大切です。その結果の共通理解が得られたら、次は、子どもが今どういったことができるのかを把握し、直近の課題を共有します。スタートラインを見極めることから具体的な対処が始まります。

　保育者側の問題提起に保護者がなかなかのってくれない場合もあります。そういった場合の対処方法としては、次のような手順が考えられます。

①まず、園内での子どもへの対応について指導計画をしっかり立てる。

②指導計画に従って集中的に子どもにかかわり、園内での子どもの行動の改善の成果を上げる。

③グラフなど（図12-1）で示して、保護者の協力を仰ぐ。

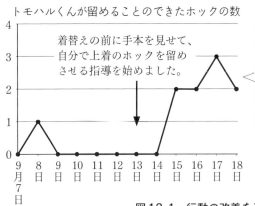

トモハルくんが留めることのできたホックの数

着替えの前に手本を見せて、自分で上着のホックを留めさせる指導を始めました。

トモハルくんは夏の制服のホックを留められず、いつも上着の前が開いていました。そこで担任の保育者は、着替えの前にトモハルくんの横に座ってホックを留める手本を見せるという指導を9月13日から始めました。担任はこの記録をトモハルくんの保護者に見せて、「お手本を見せること、ほめてあげることを園とご家庭で一緒にやりましょう」と提案しました。

図12-1　行動の改善を示すグラフ例

保育者からの問題提起にのることができない保護者は、それまでにいろいろ努力してもうまくいかなかったために無力感を感じたり、やる気や自信を失ったり、「この子はもうどうしようもない」とあきらめてしまったりしていることがよくあります。そういうときに、園内での集中的な対処の、具体的な方法と成果を提示し、保護者の参加によりこの成果がさらに向上することを伝えると、保護者にとって光明が見え、また、子どもの専門機関としての園への信頼感が感じられるのです。

【3】 長期的な視野と短期的な目標

　子どもの問題状況を解決していく際には、「長期的な視野」と「短期的な目標」を明確にすることが大切です。

❖長期的な視野

　まず、先々の子どもの発達を見渡す「長期的な視野」で、当該の子どもがさらに3年ほどの成長を重ねたときに「どのようなことが、どの程度できるようになっているか」を予測したり、「どのようになっていてほしいか」という期待をもったりします。子どもの発達の遅れを気にしすぎる保護者は、何年も先にその子ができるようになるはずの事柄を今すぐにできないことに焦って、混乱してしまうことがよくあります。今現在と、3年後の期待される姿との段差を一歩ずつ登っていくのが子どもの発達であることを保護者に伝えましょう。

❖短期的な目標

　「短期的な目標」は、さしあたってのこの1、2週間の間に、当該の子どもにどのような行動ができるようになってほしいか、また、教えていくかという短期的かつ具体的な目標行動です。前述した「今子どもができること」に向け替えた視点がここで生きてきます。つまり、今、その子どもができることを、ほんのワンステップだけグレードアップさせる短期的な目標を立てるのです。3年後と今の子どもの現状との間には当然、開きがあります。その差を埋めていく一歩一歩の歩幅は小さくてよいのです。そして、小さくても、着実な進歩を重ねていくための、最初の一歩の目標を決めてあげるのです。

たとえば、3年後、6歳になったときに「自分で時間割を調べて登校時の荷物の準備ができる」ということを長期的な目標に想定してみましょう。まずしばらくは、玄関に貼ったハンカチの写真をヒントに、子どもが毎朝、棚からハンカチを取り出して持って登園するという短期の目標行動を決めてあげるのです。最初は週に1、2回しかできないかもしれません。しかし、2週間目に、それが3回、4回に増え、ほめてあげることが増えればそれは立派な進歩です。

2. 保護者や関係機関との連携による支援

【1】 必ずチームプレイで

　園で子どもの障害やそのほかの問題に取り組んでいく場合の鉄則は、必ず**チームプレイ**でおこなうということです。子どもの障害にともなう行動上の問題を考える際は、担任の保育者を中心とした、子どもをとりまく大人の対応の方針が一致していることが必要です。職員はそれぞれ、学生時代の勉強やこれまでの経験・研修などで知識や技能を身につけています。カンファレンスを通して情報や指導計画を共有し（→p.158）、また、子どもの保護者の協力を得て、チームで問題の解決にあたっていく姿勢が必要です。

【2】 児童相談所との連携

　園内でのチームプレイが動き出しても、場合によっては園長を介して**児童相談所**（→p.189）などの専門機関と連絡をとっておくことが必要です。虐待などの深刻な問題に対処・予防するためには、児童相談所の専門性や行政としての権限が必要になるからです。その一方で、すべての園の問題に対応できるほど、児童相談所に多くの人材がいるわけではありません。日頃から連絡・調整を図っておくことにより、いざというときに素早く効果的な対応がとれるのです。また、児童相談所に任せてしまえば園の役割が終わるわけではありません。児童相談所の介入があっても、子どもやその保護者にとって、幼稚園や保育所や認定こども園はもっとも身近な専門機関でありつづけるのです。

【3】「相談支援ファイル」でつなぐ

　障害が認められる子どもは、園だけでなく、病院やほかの医療施設、療育機関など、複数の施設とかかわっていることが多いものです。そこで昨今では、母子手帳に記載されている出産前後やその後の育ちや健診、日常かかわっている病院での診療や投薬の記録、療育機関でのトレーニングや生活の様子などの記録をひとまとめにしておく「**相談支援ファイル**」が提案されています（表12-1）。

表12-1　相談支援ファイルに記録される幼児期までの子どもの情報

プロフィール	長所・特技／好きなこと／苦手なこと／余暇の過ごし方
生育歴（乳児期）	出産前／出産時／出生後の様子／発達の様子
既往歴	大きな病気、ケガなど（入院、通院、手術などが必要なもの）
所属歴（幼児期）	保育所、幼稚園、通園施設／療育機関／習い事など
医療情報Ⅰ	保険など／かかりつけの医療機関／体質／受診の際に気をつけてほしいこと
医療情報Ⅱ	飲んではいけない薬（アレルギーなど）、常用薬
医療情報Ⅲ	特に気をつけてもらいたい病状 （ひきつけ、心臓病、ぜんそく、アレルギー、てんかんなど） 特別な医療や処置（定期的に、あるいは頻回に受けているもの） 使用している医療・処置の機器（痰吸引器など） 安全な処置や対応のための留意事項
相談歴	相談・訓練などの機関名、相談日、相談内容（相談に至った経緯、主訴など）／心理検査の結果
日常生活	食事（好きな食べもの、苦手な食べもの） 食べてはいけないもの（アレルギーなど） 具体的な支援の方法や配慮事項 トイレ、着替え、入浴、睡眠、洗面、移動（ひとりでできること、支援や配慮が必要なこと）
コミュニケーション	相手から本人に伝えるとき、理解をうながす具体的な支援の方法や配慮すべき点 本人から相手に伝えるとき、コミュニケーションの特徴や理解のためのポイント
感覚の特性	感覚特性チェック（具体的な感覚特性やエピソード）
行動の特性	行動特性の例（具体的な行動の特徴やエピソード）
支援のヒント集	「こんなとき、こうしたらうまくいった」という支援の方法
感覚に関する情報	まひの有無、視覚、味覚、聴覚、触覚、嗅覚、日常生活用具
就学前：園での様子 【　　歳】	1. 家庭や地域での様子： 　生活面（睡眠・食事・着替え・入浴・歯磨き・洗面など） 　あそびや興味・関心について 　ことばやコミュニケーションについて 2. エピソード記録

「相談支援ファイル」で情報をひとまとめにしておくと、それは、子どもの育ちを実感できる記録にもなります。また、必要に応じて病院や相談機関、就学相談（→p.204-）などでアドバイスを受ける際や、園内での子どもの問題解決を話し合う際の重要な資料となります。

　「相談支援ファイル」は、障害の診断を受けた子どもだけでなく、診断を受ける可能性がある子どもや、その可能性がおそらくないだろうと思われる子どもにとっても有用です。

　図12-2は、子どもの成長や保育行事の記録や記念写真、クラスだよりなどをまとめておく「育ちのファイル」を用意し、そのなかに「相談支援ファイル」も一緒にとじるよう工夫されたものです。

> 保護者が記入管理しておき、発達障害などの疑いが生じて診察を受ける際や就学相談の際などに取り出して活用できます。

図12-2　育ちのファイル

【4】 まずは、観察・情報収集

ここでは、障害のある子どもの保護者や子育ての仕方が気になる保護者への支援について、具体的に述べていきます。

子どものさまざまな状態、あるいは保護者の気になる状態に気づいたら、まずは園長や主任に報告することから支援が始まります。保育者が気をつけなければならないことは、子どもの問題であっても、保護者の問題であっても、絶対にひとりで背負いこまないということです。必ず園長や主任などに相談しながら、園内で定期的に開かれるケースカンファレンスにのせていきます。そのなかで、担任の保育者による観察や、行動尺度、発達検査、保護者からの聞き取りなどの情報を提示し、対処法を検討していきます。

もちろん、緊急の対処が必要な場合（頭部や顔面に強く打撲した痕が見られ、激しい身体的虐待が疑われる場合など）には、園長などと相談して先に緊急の対処を進め、引き続いてケースカンファレンスで確認し、次の対処の検討に移るという手順もあり得ます。

▶Episode 12-2◀ 裸で逃げ出すアヤノちゃんのカンファレンス

アヤノちゃんは、降園前の着替えのときに服を脱いで逃げ出してしまいます。このようなとき、アヤノちゃんは追いかけてくる担任のG先生の様子をうかがいながら、ケラケラ笑って喜んで逃げ出していきます。まるで、先生を挑発して追いかけっこに誘い込もうとしているようです。

G先生の報告からカンファレンスがおこなわれました。「アヤノちゃんは、G先生との密接なかかわりを求めているのではないか」「アヤノちゃんが幼稚園の環境に慣れてきたことの現れではないか」「先生の指示の仕方が甘いのではないか」などさまざまな意見が出ました。

そして、アヤノちゃんの行動に対して、「自由あそびの時間のアヤノちゃんへのかかわりを密接にする」など、今後のかかわり方の方針が検討されました。

177

ケースカンファレンスで確認すべきことは、次のとおりです。

①当該の子どもの現在の状態像

②長期的な視野で（たとえば、その子どもの卒園の頃までに）どう改善されていてほしいか

③長期的な目標のために、短期的な指導計画として（たとえば、この1、2週間に）子どもや保護者にどうはたらきかけるか

これらの情報を職員間で共有し、チームプレイで対処にあたります（表12-2）。

表12-2　特定の子ども対象のカンファレンスの手順

1. 事前通告
事前（少なくとも1週間前、できれば2、3週間前）に、カンファレンスの対象の子どもやテーマなどの周知を図る。メンバーは、それぞれの立場で子どもを観察したり、記録を振り返って用意する。（一日のカンファレンスで、2、3の事例を次々に扱うこともできる） ★準備がなければただの座談会になってしまう。少なくともメモをもとに報告する。 ★必要ならば印刷資料も用いるが、内容に応じて回収処理を確実におこなう。
2. カンファレンス開始
★司会は管理職や担任でない方が望ましい。 ①事例・症例についての概略を司会者から報告する。 ②あらかじめ準備した担任をはじめとして、各担当者から報告する。 ③必要に応じて外部の報告者（保護者や特別支援コーディネーターなど）が報告する。
3. フリーディスカッション
①司会者が報告の概要を簡単に説明する。 ②フリーディスカッションをおこなう。 ★この場では結論を出さないことを条件にする。 あくまで理性的・論理的にディスカッションをおこなう。ここでは、よい・悪いの判断よりも、アイディアの数や組み合わせの可否を重視する。
4. 必ず、時間をおく
ほかの子どもについての事例やほかの話し合うべきテーマがあれば、ここでおこなう。 ほかのテーマがなければ、休憩を挟む。
5. 結論
時間をおいたのち、もとの事例に戻って具体的な方策を決定する！ ①「卒園までにこうなってほしい」というような長期的な方針（必ずしも結論を要しない） ②1、2週間程度の短期的な方針（必須） 誰が、どのような場面でどのようにはたらきかけるのかなど、具体的な対処を決定し、方針を共有する。 ★様子をみるにしても、どのような観点で様子をみるのかが重要。
6. 再検討
1、2週間後にあらためてこの事例についてのカンファレンスをおこない、効果や次の方針を決定・共有する。

ケースカンファレンスとは別に、保護者からの話の聞き方、子どもたちのために使える技術、測定や観察の技術に関しても日頃から研修を深めましょう。子どもの問題にきちんと向き合い、対処ができる保育者・園を目指しましょう。

【5】 クラスの雰囲気づくりから

　幼児期の子どもは、クラスのなかに障害のある子どもがいても「○○ちゃんは、こうなんだよ!」と素朴に受け容れて上手にかかわったり、必要に応じて援助したりということを、実に自然におこなっています。むしろ保護者の方が、わが子に危害を加えられるのではないかと警戒したり、憶測を述べたりしがちです。

　前述したように、保護者が子どもの障害を認めることができない場合や、ほかの保護者に子どもの障害を知られたくないといった気持ちをもっている場合があります。また、障害について誤った知識や考え方をもっていて、障害のある子どもやその保護者に対して不適切な言動をしてしまう保護者もいます。こういった問題に対処していくためには、日頃から、園だよりやクラスだより、参観日の懇談会などを通して、障害を理解していくための情報を提供します。園のすべての保護者に対して、障害についての理解をうながしましょう。

　また、障害の有無にかかわらず、保護者に子どもをほめていく手本を示すことが大切です。困った行動のある子どもほど適切なかかわりをおこない、ほめて、行動上の問題の改善を進めていく手本を保護者に示していきましょう。この実践により、クラスや園全体に、子どもを前向きに育てていく雰囲気をつくることができます。

【6】 面談の実施

　子どもの問題の対処のために、面談も有効です。家庭での子どもの様子を聞き取り、園での子どもの様子を伝え、問題の所在を確認し、対応を相談します。

　エピソード12-1の保育者のように、子どもの送り迎え時など、保護者が来園した際に声をかけて、そのまま職員室や相談室での話し合いに持ち込むかたちの面談がときどきみられます。この場合、保育者は十分な準備ができず浅い対応になりがちです。また、保護者も話し合う心の構えができておらず、その後に予定が入っていることもありますので、受け身になったり、不十分な情報のやりとりで終わってしまったりします。不十分なかたちでの面談は、保護者の誤解、不満、さらなるトラブルの原因になります。あらかじめ日時を決めておいて、面談をおこないましょう。

　保護者が専門機関との面談を初めておこなう際には、通常、さまざまな事柄について腹を割って話せるような信頼関係（ラポート）をつくることから始めます。ただし、園の保育者は日常的に保護者とのやりとりがありますので、早い段階で問題についての話し合いに進むことができます。面談で得た、家庭での子どもの様子や保護者のかかわり、障害についての情報は、園内でのケースカンファレンスで対処のための指導計画を検討していく際に重要な情報となります。そのため、面談の際に得た情報をケースカンファレンスで話し合うことについて、保護者に説明しておくことが大切です。

【演習課題】

1. 子どもに発達障害があるのではないかと疑われるような行動傾向があっても、保護者がそれを受け容れがたい場合、その背景にはどのようなものがあるか例をあげてみましょう。

2. 幼稚園、保育所、認定こども園などの保育者になったつもりで、園内でのカンファレンスで検討するための、子どもの行動のレポートを書いてみましょう。

   ・実習で出会った子ども、あるいは親戚や近所で親しくしている子どもをひとり想定しましょう。

   ・演習のレポートなので、名前や生年月日は伏せておきましょう。

   ・子どものおおよその年齢（何歳何か月）／性別／家庭での生育環境などを整理して記入しましょう。

   ・園内での困った行動を具体的に書きましょう。

   ・その困った行動はどういうときに多いのか、また、どういう場面では少ないのかを記述してみましょう。

   ・最後に、この子どもの困った行動を改善するためのあなたなりの方法を考えて記入しましょう。

第13章 障害のある子どもの早期発見と支援

▶*Episode 13-1*◀ **気になる発達の様子が見られるケンタくん**

　保育所に通うケンタくんは、今日で3歳5か月になりました。ところが、声を出して話すことが少なく、発することばも3語文程度であったり、あそびの様子も2歳児と類似しています。担任のH先生は、ケンタくんの発達が少し気になっています。

　H先生は、降園時に、ケンタくんの家庭での様子について母親に話を聞いてみました。すると、トイレでの排泄ができずオムツが取れない、落ち着きがなく食事のときに座っていられない、会話が成り立たないことがあるなどの様子が見られ、やはり母親も発達を心配していたのです。

　「あまり声を出してあそばないのが気になっていて……。私も夫も、できるだけ話しかけたり、絵本を読み聞かせたりしているのですが。周りのお友だちに比べてことばが遅いみたいなので、焦ってしまって。このまま様子を見ていてもいいのでしょうか?」。

1. 健康診査制度の理解

エピソード13-1のように、保育者は、保護者から子どもの発達について相談を受けたり、悩みを打ち明けられたりすることがあります。

第2章での学習内容にもあるように、保育者は子どもの発達の見方や理解の仕方を専門的に学ぶため、子どもの様子を客観的に把握・理解できます。ただし、「ケンタくんの発達は少し遅れています」などと保護者に伝えてはいけません。子どもの発達を評価しそれを保護者に伝えるのは、医師や心理職など、発達の専門家の役割だからです。

また、子どもの発達の遅れなどについて直接的に伝えれば、保護者は「うちの子に障害があるんですか?」などと動揺し、結果として保育者との信頼関係が損なわれてしまうこともあります。

保育者の役割は、子どもの発達を理解したうえで、その発達を最大限に伸ばすための保育を考え、実践することです。同時に、保護者の不安な気持ちに寄り添い、発達の専門家と協力して、その子どもにとって望ましい発達を保護者と一緒に考えることが大切です。そのためにも、保育者は子どもの発達を支援するための場を知っておく必要があります。

子どもの発達を支援する場としては、保育所や幼稚園などのほかに、①障害や気になる発達を早期に発見するための場、②障害や気になる発達についての相談に応じる場、③障害や気になる発達を改善するための場などがあります。

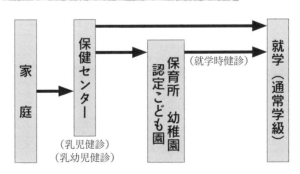

図13-1　一般的な子どもの就学までの発達支援の流れ

ここではまず、子どもの出生前後から就学までにかかわる、①障害や気になる発達を早期に発見するための場について、健康診査制度を中心に説明します。図13-1を見て、出生から就学までの発達支援の流れの全体像をつかんでおいてください。

❖妊婦一般健康診査

　市町村の関係部署に妊娠を届け出ることにより、**母子健康手帳**（略して母子手帳）が交付されます。母子手帳には、妊娠中や出産後の母子の健康・成長の経過を記録する欄や、出産や育児に関する教材などが載っています。また、母子手帳とともに、**妊婦一般健康診査**の受診票が交付されます。

　妊婦一般健康診査（略して妊婦健診）は、妊婦や胎児の健康状態を定期的に確認するためにおこないます*。また、妊娠中の不安や出産・育児について相談することもでき、安心して子どもを産むための準備をする機会でもあります。

　妊婦健診では、妊婦の健康状態と赤ちゃんの発育を確認するための基本検査、妊娠中の食事や生活に関するアドバイスなどの保健指導を受けることができます。また、必要に応じて、血液検査や超音波検査などの医学的な検査もおこなわれます。これらの医学的検査により、胎児の先天性（生まれつき）の病気や障害がわかることがあります。その場合は、より精密な健診を経て、早期からの専門的なケアを始めることになります。

＊一般的に妊娠後40週0日（1か月を4週と考えて計算するので月数にすると10か月、日数にすると280日）で出産というのが標準とされており、妊婦健診は妊娠23週目までは4週間（1か月）に1回、24週目（6か月目）から35週目までは2週間に1回、出産が近づいた36週目（9か月目）以降は1週間に1回受診することが勧められています。

❖乳児健康診査

　母子の保健について定める法律である**母子保健法**では、1歳に満たない子ども
を「乳児」としています。同法第13条では、市町村は乳児に対しても必要に応
じて健康診査（**乳児健康診査**／略して乳児健診）をおこなうことを勧めています。

　乳児前期（生後3、4か月頃）の健康診査であれば、医師による身体の発育や運
動発達などの診察、保健師による問診、栄養士や歯科衛生士による栄養や歯科保
健についての健康相談などがおこなわれます。また、乳児中期や後期（生後6〜
10か月頃）であれば、身長や体重などの発育・発達状態の確認に加え、医師によ
る心音の異常、けいれんの有無などの診察がおこなわれます。月齢に対して成長
が十分でない場合には、栄養障害などのなんらかの疾患や、食事を十分に与えら
れていないなどの不適切な養育が考えられることもあり、その状況によってより
専門的な支援をおこなうこととなります。

　保育所に通う0歳児なら、乳児中期や後期の健康診査を受ける場合があります。
園での様子や発育に気になる点がある子どもの場合には、乳児健診の結果を保護
者から聞くことによって、よりよい保育に生かすことができます。

❖乳幼児健康診査

　乳児健診に加え、母子保健法では**乳幼児健康診査**（略して乳幼児健診）の実施
も規定しています。

　母子保健法では、市町村は、①満1歳6か月を超え満2歳に達しない幼児と、
②満3歳を超え満4歳に達しない幼児に、健診をおこなわなければならないとし
ています。そのため、これらの健診は「1歳6か月（1歳半）健診」や「3歳児健
診」と呼ばれることがあります。ただし、その実施時期は各市町村に委ねられて
いるため、1歳7か月時や3歳6か月時におこなうケースもあります。

　乳幼児健診は多くの場合、保健師などと親子が面談をするかたちでおこなわれ、
子どもの身体の発育状況や栄養状態、精神発達やことばの発達、運動発達の状態、
予防接種の実施状況などがチェックされます。また、面談を通じて保護者の養育
態度や心理状態など、育児上の問題についても把握がなされます。このとき、子
どもや保護者に気になる様子があった場合には、より精密な診査の受診や、児童
相談所（後述）といった専門機関での**発達相談**（→p.189）を勧められることがあ
ります。

園では1歳児クラスと3歳児クラス（年少）に在籍する子どもが、該当する月齢に乳幼児健診を受けることになります。気になる様子がある子どもについては、必ず健診に行くよう保護者に確認をするとよいでしょう。また、保護者に健診の結果を聞くことが、その後のよりよい保育を考える上で有効になります。

　ここで、エピソード13-1に登場したケンタくんの保護者にはどのように答えればよいか考えてみましょう。たとえば、このような答え方が考えられます。

> ケンタくんには、確かに似たような姿が保育所でも見られますね。来月、3歳6か月児健康診査を受けられますね？　ご心配であれば、そちらで一度専門の先生にご相談されてはどうでしょうか。よりよい保育の参考にしたいので、その結果を教えてください。

＊保護者役と保育者役にわかれて、声に出してロールプレイをしてみましょう。

❖就学時健康診断

　翌年に就学を控えた5歳児クラス（年長）の秋には、**就学時健康診断**（就学時健診）がおこなわれます。この健診は学校保健安全法（第11条）に基づくもので、就学前の子どもの栄養状態や健康状態を検査するものです。

　就学時健診では特に身体の疾患や精神発達の状態が検査され、いわゆる通常の学級への就学に適しているかどうかということが調べられます。もし、身体や精神の状態に問題があり、学習に特別な支援が必要と考えられる場合には、障害のある子どもを対象とした**就学相談**（→p.204-）を受けるよう指導されることがあります。

　就学相談の結果、通常の学級での支援だけでは不十分だと判断された場合には、子どもの能力の状態に合わせてより特別な支援をおこなう**特別支援学級**や**特別支援学校**への就学を視野に入れた指導がなされます。

2. 発達相談と療育資源の理解

▶*Episode 13-2*◀ 保育所で児童相談所での相談を勧める例

　今日はI幼稚園の保育参観日です。5歳になったばかりのカナちゃんが在籍する年中組（4・5歳児クラス）では、ホール（遊戯室）に集まり音楽に合わせてダンスをしています。ところが、カナちゃんはホールの隅で天井を見ながらくるくると回っていたり、テーブルの下に隠れたりしてダンスには参加しませんでした。

　その日の降園時、カナちゃんの母親が担任のJ先生に話しかけました。

　「先生、うちの子はいつもあのように集まりには入らないんですか？　家でもちょっとした音に大げさに驚いたり、人ごみに行くことを嫌がったりするので、集団は得意ではなさそうなのですが。それに食べものの好き嫌いも激しいし、自分の思いどおりにならないと手がつけられなくなるほど大騒ぎしたり。来年は小学校に入る準備の年になるのに、このままで大丈夫なんでしょうか……。お医者さんに見てもらったほうがいいんでしょうか？」。

　カナちゃんの母親は、カナちゃんの園での姿を見て、ますます発達が気になったようです。

ここからは、p.183であげた②障害や気になる発達について相談に応じる場について説明をしていきます。

　乳幼児健診では発達で気になる点を特に指摘されなかったものの、集団活動を苦手とする子どもがいます。このような子どもの場合、家庭で大人と一対一で接しているときには問題にならないものの、同年代の子どもとの集団生活のなかでは気になる様子が目立つことがあります。このような姿は成長にともなって顕著になり、集団生活のなかで明らかになってきます。特別な配慮や支援が必要であったり、何らかの障害が疑われることもあるので、その状態に合わせて専門的な相談を保護者に勧めることが必要です。その場合、以下に示す専門機関で、子どもの障害や気になる発達の状況について相談をすることができます。

❖保健センター

　保健センターは、住民の健康相談や保健指導、健康診査など地域の保健に関する事業をおこなう機関です。**地域保健法**に定められており、市町村に設置されています。子どもの発達に関する事業として、保健センターでは、前述した乳児健診や乳幼児健診、歯科健診、子育てに関する教室（たとえば離乳食教室、育児教室）などがおこなわれますが、子どもの発達が気になる場合にも、個別に相談をすることができます。

　また、園に発達が気になる子どもがいた場合、その状態に応じて保健センターに依頼すると、保健師や発達にかかわる専門職（心理士、作業療法士など）に子どもの様子を見に来てもらうことができます。

❖児童相談所

　子どもの気になる発達について、より専門的な査定や相談が必要と考えられる場合には、発達の専門機関である**児童相談所**に相談ができます。児童相談所は子どもに関するさまざまな問題について家族などからの相談に応じる場です。児童福祉法により、都道府県および政令指定都市に設置することが定められています。

　児童相談所の主な業務は表13-1のとおりです。

表13-1　児童相談所の主な業務

- 児童に関する問題について、家庭などからの相談に応じる。
- 必要に応じて児童・保護者の調査・判定をおこない、必要な指示・指導・助言をおこなう。
- 児童福祉施設への入所、里親委託などの措置をおこなう。
- 児童の一時保護をおこなう。

＊詳細は「児童相談所運営指針」参照

　発達が気になる子どもに対して、児童相談所では**発達相談**を実施しています。発達相談では、医師、心理士、保育士、ケースワーカーなどの専門職が、子どもがあそぶ様子の観察や心理・発達検査をしたり、親子の面談をおこなったりして、子どもの発達の特徴を評価します。

　エピソード13-2では、カナちゃんの発達について母親が心配をしていました。保育者がカナちゃんの様子を見て気になる点が多く、それが持続する場合には、園内で意見の共有を図った上で、児童相談所の発達相談を勧めることができます。

　発達評価をした結果、気になる発達の特徴が顕著な場合には、その状態によって障害と判定される場合があります。障害児として園の保育を受けたり、日常生活で障害児福祉サービスなどを受けるときには、多くの場合、このような児童相談所による障害判定などが必要になります。

　児童相談所では、発達相談のほかにも、不登校や家庭内暴力などをおこなう子どもの性格相談、窃盗など法に触れるような行為（触法行為）をする子どもの非行相談、保護者がいない子どもの養育相談などもおこないます。これらについては、子ども家庭福祉や社会的養護Ⅰ・Ⅱのテキストなどで理解しておきましょう。

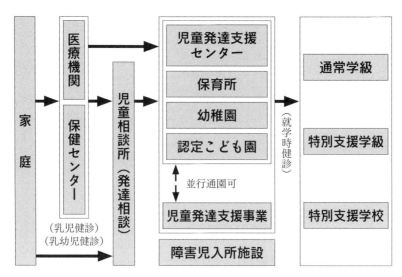

図 13-2　障害のある子どもの就学までの発達支援の流れ

▶*Episode 13-3*◀ ダウン症児のナツミちゃん

　ナツミちゃんは、染色体異常の一種であるダウン症（→p.47）です。間もなく2歳6か月になりますが、全身の筋肉が弱く、しっかり立ったり歩いたりすることができません。大人が名前を呼ぶと「アーイ」とにこやかに返事をしますが、そのほかには、「ダー」「ブー」などの声を発するだけでことばらしいことばが出ていません。両親は、ナツミちゃんの姉が通う保育所に一緒に通わせたいと考えていますが、食事や衣服の着脱、排泄などのすべてに援助が必要なこと、また、ひとりでは移動ができないことから、保育所がナツミちゃんの発達にとってよい環境なのか悩んでいます。

　ここでは、p.183 であげた③障害や気になる発達を改善するための場について解説をします。

　第2章でも述べたように、保育所に通うことのできる障害児は、障害が中程度までであること、集団での保育に参加できること、日々通うことができること、などが原則でした。ナツミちゃんのようにコミュニケーション（意思を通じ合わせること）が難しかったり、身辺自立が十分に進んでいない子どもの場合には、友だちとの集団活動を期待する以前の段階として、日常生活動作（ADL）を身に

つけることが必要になります。具体的には、ほかの人とのコミュニケーションや食事、衣服の着脱、排泄の自立などです。そのためには、ナツミちゃんの発達に合った保育や療育（→p.21）を受けることが大切です。

❖児童発達支援センター

児童発達支援センターでは、障害の重い子どもが、コミュニケーションやADLなど日常生活における基本的な動作や技能・知識を身につけ、集団生活への適応を図っていくことをねらいとした支援を実施しています。これを、「児童発達支援」といいます。

児童発達支援センターは、保育所と同じように児童福祉法で定められた児童福祉施設であり、市町村を単位（人口約10万人に対して1か所以上、人口の少ない市町村は最低でも1か所）として設置されます。

なお、肢体不自由児のように医療的ケアが必要な子どもが通う児童発達支援センターでは、保育とともに治療や療育がおこなわれます。

児童発達支援センターへは、おおむね2、3歳から就学前の子どもが通います。集団への適応がまだ十分でない子どもの場合は親子で通園する親子通園（母子通園）のクラスに通い、子どもだけの通園が可能な場合は単独通園のクラスに通います（表13-2）。

表13-2　児童発達支援センター・児童発達支援事業での日課の例

時間	単独通園	親子通園
9:30	登園、身辺処理、排泄	登園、身辺処理、排泄
10:00	朝の会、設定活動	朝の会、設定活動
11:30	昼食、歯磨き	昼食準備
12:00		昼食、歯磨き
13:00	設定活動	子育て講座、座談会、個別相談
14:00	おやつ、降園準備、帰りの会	降園
15:00	降園	

通園による児童発達支援では、子どもの一人ひとりの発達に合わせたあそびや経験を通じて、心身の発達をうながしたり、友だちとのかかわりのなかで集団生活への適応、集団生活でのルールを身につけられるよう保育がなされます。また、親子通園の場合は、子育ての不安や悩みを解消するための講座や座談会などが開かれることがあります。

　なお、児童発達支援センターのなかには、その地域の障害がある子どもや家族を対象にした事業をおこなっているところがあります。また、「保育所等訪問支援」という事業をおこなっているセンターでは、職員が保育所を含め障害児を預かる施設を訪問して援助や助言をおこないます。

❖児童発達支援事業

　児童発達支援センターが居住地の近くにない地域では、NPO法人など児童発達支援センター以外の事業者が、通園による児童発達支援をおこないます。これを**児童発達支援事業**といいます。通園の形式や保育や療育の内容は児童発達支援センターでおこなわれるものと同等です。

　児童発達支援センターが市町村単位で設置されるのに対し、児童発達支援事業をおこなう事業所は、たとえば中学校区など障害児が通園可能な範囲を基準に設置されるため、身近な場所で通いやすいという特徴があります。なお、児童発達支援事業は、保育所や幼稚園などとあわせて通うこと（並行通園）ができます。また、児童発達支援事業への通園を3歳頃に終了して幼稚園に入園したり、保育所へ移行する子どももいます。

❖障害児入所施設

　障害がある子どものうち、障害が重いなど何らかの事情があるため家庭での養育が難しい場合には、**障害児入所施設**へ入所して援助を受けることができます。このような施設は、以前は、知的障害、肢体不自由などの障害種別ごとに分かれていましたが、2012（平成24）年の児童福祉法等の改正により障害種別が一元化され、複数の障害に対応できるようになりました。

　障害児入所施設は児童福祉法に定められた児童福祉施設で、障害がある子どもを入所させて保護するとともに、日常生活に必要な基本的動作や、知識・技能を身につけることをねらいとする施設です。医療的なケアが必要な子どもが入所す

る**医療型障害児入所施設**と、それ以外の**福祉型障害児入所施設**があります。

　福祉型障害児入所施設では、食事や排泄、入浴などのADLの介護を受けられるほか、日常生活能力や身体能力の維持・向上のための訓練がおこなわれます。また、就学前の子どもに対しては保育がおこなわれ、あそびを通じて周囲のものや人への興味・関心を高めたり、かかわり方を身につけることなどをねらいとした活動がおこなわれます。

　医療型障害児入所施設では、福祉型障害児入所施設でおこなわれるサービスに加えて、子どもがもつ疾病の治療や医学的管理、看護がおこなわれます。

　障害児入所施設への入所にあたっては、子どもの障害の程度や家庭での養育の状況などについて児童相談所が調査をおこない、総合的に入所の可否を判断します。

　本章で紹介した健診や機関や施設は、園の保育者も日常的にかかわることになる発達支援の場です。気になる発達を示す子どもがいた場合には、保育者が正しい知識をもとに、関連する発達支援機関と連携して支援することになりますので、しっかりと学習をしてください。

193

【演習課題】

p.186にあげたケンタくんの母親と保育者とのやりとりについて、それぞれの役に分かれて声に出してロールプレイをしてみましょう。

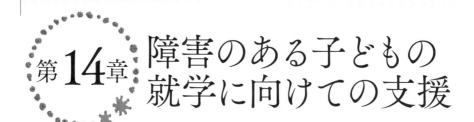

第14章 障害のある子どもの就学に向けての支援

▶*Episode 14-1*◀ **小学校進学後に、登校をしぶるようになったタケルくん**

　4月に小学校に進学したばかりのタケルくんは、授業中に姿勢を正して座っていることができません。また、席を立って教室のなかを歩き回ったり、担任に指名された子どもが答えようとする際に大きな声で話し始めたりします。

　担任の教員は、年度当初の忙しさのなかで日々の指導を続けていましたが、ある日、とうとう自分でもびっくりするくらい厳しくタケルくんを叱責してしまいました。その翌朝、タケルくんの母親から電話が入りました。タケルくんが、先生が怖いから学校に行きたくないと言っている、というのです。

1. 障害のある子どもの就学先の理解

　子どもが幼稚園・保育所・認定こども園などから進学していく際には、子どもにとって大きな環境の変化が生じます。多くの子どもは、進学の喜びや、保護者の援助、保育者や教員の配慮によって、このストレス事態を乗り越えて適応していきます。

　しかし発達障害のある子どもにとっては、このストレス事態を乗り越えていく際に困難をともなうことがあります。たとえばASD障害の、環境の変化に慣れにくい性質は、進学直後の登校しぶりや教室でのパニックにつながることがあります。また、ADHDの子どもの不注意や多動の傾向は、授業中、教員や黒板に注意を向け続けることの困難さや、立ち歩きなどの困った行動につながることがあります。

　環境が大きく変わることによるこのようなトラブルは、**小1プロブレム**とも呼ばれています。問題の発生があらかじめ予想できるので、この進学期の前に保護者による十分な支援がおこなわれるような工夫や、進学先の担任教員に適切な情報を伝え、進学直後から十分な配慮ができるよう準備していく工夫が重要です。そこで、以下では、保護者の子育て上のスキルアップを図っていくペアレント・トレーニングや、連絡協議会や指導要録の送付とあわせておこなう情報伝達の方法を紹介します。

2. 予防的介入としてのペアレント・トレーニング

　子どもの障害は、多くの場合、先天的な原因や出生後の避けられない原因によるものです。障害による苦手なものごとには、それ自体の治療が難しいものが多くあります。しかし、子どもの保護者が、望ましい行動を上手に教える方法、子どもの困った行動にブレーキをかけ望ましい行動に切り替えさせる方法を身につけて日々用いると、子どもたちは、障害があることによる不利益を軽減させることができるのです。

　たとえば、集中しそれを維持することが難しい子どもは、母親があいさつの仕方を教えている際に、つい気がそれてしまって手本のなかの肝心な部分を見のがしてしまいます。その結果、上手なあいさつを覚えられないどころか、うまくできないことを叱られて自信をなくしてしまうのです。また母親も、子どもが覚えられないので教えることをやめてしまったり、イライラして怒りながら接するようになったりします。

　このようなやりとりのなかで、子どもが自信をなくして抑うつ状態や引っ込み思案になってしまったり、あるいは、周りの子どもたちに怒ったような態度で接するようになったりします。このように、障害そのものが原因ではなく、環境や経験によって後天的に生じてくる問題を**二次障害**といいます。

　障害があっても、子どもたちはものごとを学ぶ能力をもっています。ただ、注意を維持することや気持ちを切り替えることが難しかったり、視力や聴力が弱かったりという苦手な部分があるだけです。保護者や保育者が、子どもの苦手な部分をカバーできるような効果的な教え方を身につけ、子どもの特性に合わせて教えることができれば、二次障害を防ぎ、園内での子どもの適応を向上させていくことができるのです。

　子どもの障害にともなうさまざまな問題を保護者とともに乗り越えていくための技法として、**ペアレント・トレーニング**という心理教育プログラムがあります。

　ペアレント・トレーニングのプログラムは国内外でさまざまなものが開発されていますが、そもそもは心理療法です。そのため、各プログラムを開発・紹介している団体による十分な訓練を受けた者が、マニュアルにのっとって適宜スーパ

ーバイズ（専門家の指導）を受けながらおこなう必要があります。

　園などにおいてペアレント・トレーニングを導入する際には、各団体からトレーナーを派遣してもらう場合と、十分な研修を受けた保育者がおこなう場合とがあります。

　ここでは、子どもたちの問題行動やすでに顕在化している不適切な養育に対処することよりも、日常の養育を支援し、子どもたちの望ましい行動を高めていくことに重点を置いた予防的なペアレント・トレーニングの実践を紹介します。

　この「はなまる幼児版」のペアレント・トレーニングは、大学で企画・開発されました＊。現役の幼稚園教諭・保育士が、県主催の研修を受けた後、トレーナーとして各園で実践しています。

　このプログラムは、子どもがどのようにして行動を学んでいくのかという行動学習の理論に基づいています。そして、子どもがおこなう行動が、保護者や保育者などの大人の目から見て望ましい行動なのか不適切な行動なのかを分類します（図14-1）。「はなまる幼児版」プログラムの概要は、表14-1に示すとおりです。

図14-1　子どもの行動の分類

＊立元真・福島裕子・古川望子（2015）「宮崎における幼児を対象としたペアレント・トレーニングの展開―ペアレント・トレーナー養成という実践のありよう」『臨床発達心理実践研究』10（1）、46-52

表14-1 「はなまる幼児版」のペアレント・トレーニングの概要

セッション1：注目を与えることと子どもの行動の分類

★子どもの行動を口に出して言うことにより、「子どものことを見守っている」という注目を与えることができる

★電話中などで声を出せない場合、目線を合わせてにっこりとうなずくだけでも注目を与えることができる

セッション2：ほめる（賞賛）

★子どもの望ましい行動を見つけたら、できるだけ早く、目線を合わせて、行動に言及して、子どもが一番喜ぶ方法でほめる

★「でも」は使わない！

×「お着替えできてえらかったね。でも、ちょっと時間かかっちゃったね」

セッション3：シランプリ（計画的無視）

★注目を取り去ることで、不適切な行動を減らす

★望ましい行動を始めたら、すぐにほめる　シランプリとほめることの組み合わせが重要！

セッション4：上手な制限を設ける

★注目を与えること、ほめることの実践でぼうそう行動を防止する

★ぼうそう行動が生じてしまったら、指示や警告、タイムアウトなどでぼうそう行動を落ち着かせる

★望ましい行動に移ったら、すぐにほめる

セッション5：子どもの発達と心の問題の学習

★「子育てに関する親の悩み」や「子育ての技法」についての調査を参照しながら、生活のさまざまな場面でセッション1〜4で学んだ技法を応用していくことを学習する

★「問題解決的思考法」の技法を学び、子どもに問題事態が生じたときに、冷静な思考力を維持した状態で対処を考えていく技法を学ぶ

＊ここで紹介しているのは「はなまる幼児版」の一部です。詳細は前頁の脚注に掲出の論文などを参照。

表14-1に示した技法の基本的なポイントを、以下に紹介します。

セッション1「注目を与えることと子どもの行動の分類」のポイント

子どもの行動は、周囲の大人から注目が与えられることによって増加したり、逆にこれまであった注目が与えられなくなることにより減少したりします。子どもに普段から注目を与えることで、子どもが望ましい行動を身につけやすくなったり、子どもの情緒が安定し望ましい行動が増えたりします。

子どもの行動の分類は図14-1に示したとおりです（「はなまる行動」「注目獲得行動」「ぼうそう行動」）。

セッション2「ほめる（賞賛）」のポイント

子どもがその行動をしている最中や直後に、その行動をことばにしてほめます。ほめ方にもいくつかのポイントがあり、ペアレント・トレーニングでは、これらをしっかり身につけるトレーニングをおこないます。

★子どもができた行動を、口に出して表現してほめる。

★その子どもが最もうれしい気持ちになるようなほめ方をする。

★作業の手を止めて子どものそばに寄って、顔を見ながらほめる。

セッション3「シランプリ（計画的無視）」のポイント

あらかじめ、子どもの特定の「注目獲得行動」をターゲット行動としてあげておき、その不適切な行動が生じた際には、行動が続いている間プイッと注目を断ち切る「シランプリ（計画的無視）」という対処をおこないます。

うっかり子どもを叱りつけたり、やめさせようとして抱き上げたりすると、そのこと自体が子どもの不適切な行動を強めてしまいます。一般的な家庭ではあまり使うことのなかった技術ですので、怒りの感情をあらわさず、冷静に、効果的に対処する練習をじっくりおこなって実践に臨む必要があります。

セッション4「上手な制限を設ける」のポイント

子どもがなんらかの理由で興奮しすぎて生じている「ぼうそう行動」に対しては、あらかじめ、子どもが過剰に興奮しすぎないような配慮が大切です。その上で、望ましい行動に切り替えるための「家族のルール」や「タイムアウト」（安

全かつ比較的退屈な部屋などに移動させる）などの技法で、興奮を冷ます対処の練習をおこないます。

3. 要録等と進学にかかわる連絡協議

【1】幼稚園幼児指導要録／保育所児童保育要録／認定こども園こども要録

　幼稚園では**幼稚園幼児指導要録**、保育所では**保育所児童保育要録**、認定こども園では**認定こども園こども要録**という、園での子どもの育ちを記録する公式の文書（以下、要録と記述）を、園児一人ひとりについて作成します。

　これらの文書には、所管の官庁が示している書式があります。子どもやその家族についてのプライベートな情報も記入されますので、各園で厳重な扱いが必要です。

　子どもの育ちについての正確かつ有用な情報を記載するためには、保育者が子どもの様子や保育の内容を記録する補助簿や保育日誌を用意し、日々記録しておくことが大切です。補助簿の書式については、公的な指定や推奨はありませんが、日々の子どもの様子をもれなく記載する工夫が大切です。

　子どもがほかの施設に転園する場合や進学する場合には、各園が、転園先や進学先へ要録の写し（必要な情報の抜粋）を送付します。

【2】「指導上参考となる事項」で情報を引き継ぐ

　障害がある、または障害があることが予想される子どもについて、子どもの進学先の教員が欲しい情報は、要録の「指導上参考となる事項」の欄に記述される情報です（表14-2）。

　たとえば、エピソード14-1に登場したタケルくんが、ASD障害があるがまだ診断を受けていないとしましょう。担任は、タケルくんが保育室から出て行ったり、場にそぐわない発言を繰り返したりすることを「指導上参考となる事項」に記述すると想定されます。

　なお、要録は保護者から請求があった場合に開示しなければなりません。です

から、保護者が目にして不愉快に思うような記述で終わってしまうとトラブルの種になることがあります。

　また、第12章で述べたような、カンファレンスに基づいて指導計画を立て、タケルくんの困った行動傾向を減らしたり改善したりしていくための指導をおこなう場合もあります。その場合、「どのような指導が効果的であり、タケルくんにとってよかったのか」まで記述すると、翌年に保育を引き継いだ保育者や進学先の教員にとって、とても役立つ情報になります。

表14-2　「要録」の「指導上参考となる事項」への記入例

A児の例：
　年中児のとき、運動会に向けて準備をおこなっている頃に、しばらくの間登園しぶりが見られた。幼稚園で飼っている大好きな亀の世話を楽しんでおこなうことによって、登園しぶりを乗り越えた。

B児の例：
　年長への進級時、担任や保育室が変わったことをきっかけに、保育室内での緘黙（かんもく）が見られた。登園時に母親にも保育室に入ってもらい、しばらく担任と一緒にB児にかかわって、新たな担任との関係づくりをおこなった。5月頃からは少しずつことばが出るようになり、やや口数は少ないものの、12月には他児と変わらないぐらいのコミュニケーションがとれるようになった。

201

【3】 連絡協議会で情報を引き継ぐ

　障害のある子ども、あるいは障害が疑われる子どもの場合、要録の写しだけでは情報が不十分なことがよくあります。その不足を補うのは、なによりも、園と小学校との間の**連絡協議会**における話し合いです。

　年長の1月頃より、幼稚園・保育所・認定こども園から小学校へ、入学予定児の情報の引き継ぎがおこなわれます。この連絡協議会は、園の保育者と小学校の教員とが実際に会い、口頭で、よりこまやかに子どもの情報の引き継ぎをするものです。最近では、保育者が小学校の授業や生活の様子を知り、また、小学校の教員が園生活を学ぶための相互の研修も工夫されつつあります。可能な限りこのような機会を設けて、保育者と進学先の教員がお互いに十分に理解し、情報を交換する工夫が重要です。

　なお、子どもの障害やそれにともなって生じる問題について話し合う際に注意しなければならないのは、保育者や学校の教員は子どもの行動傾向から診断名をつける立場にはないということです。日常観察される子どもの行動や行動傾向、対処の具体的な方法を話し合いの材料にしていくことが肝要です。

　また、同じ障害の診断名で似た特性があったとしても、子どもそれぞれに異なった生活習慣や家族背景があり、その結果、子どもの問題の生じ方には大きな個人差があります。診断名は子どもの特性を理解する材料にはなりますが、保育や教育の現場では、むしろ、子どもの具体的な行動や行動傾向に焦点を合わせて対処法を考えた方がよい場合があります。

　子どもの行動の評価には、私たちの子どもの評価の仕方の癖や好みが反映されがちですが、行動傾向の尺度を用いると、その偏りを一定程度避けることができます（右記参照）。

Note

厚生労働省は、SDQ（Strengths and Difficulties Questionnaire）と呼ばれる幼児期から学童期にかけての子どもの行動傾向を評価する尺度を公開しています。

この行動尺度は、25項目の質問項目を、保育者や教員、または、保護者が「あてはまる」「ややあてはまる」「あてはまらない」の３段階で回答し、得点を整理することによって、「行為」「多動」「情緒」「仲間関係」「向社会性」および「総合得点」を算出します。そして、子どもの行動傾向によって、「Low Need」「Some Need」「High Need」という判定が示されるようになっています。

園と小学校で、SDQのような共通した行動尺度を用いて、その結果をもとに連絡協議をおこなうと、情報交換を効率的にしやすくなります。

4. 就学相談説明会と就学相談

▶*Episode 14-2*◀ タモツくんが楽しく過ごせる就学先とは？

年長組のタモツくんは、年中組の頃からクラスの集まりで落ち着かない様子が見られたり、同じクラスの友だちのあそびに入れないとかんしゃくを起こして泣き崩れることなどがありました。

タモツくんの発達については、４歳の頃から病院で経過を観察しています。年長の６月に発達検査をした結果、自閉スペクトラム症と注意欠如多動症が合併している状態であると診断されました。

「タモツくんは来年小学生になるが、通常の学級で楽しく過ごせるだろうか」。そう考えた担任は、保護者にタモツくんの就学先を考えてもらおうと、就学相談を受けることを勧めました。

〖1〗 就学相談説明会と就学相談の流れ

　自治体によって開催の時期には違いがありますが、小学校に入学するにあたって、知的面、情緒面、身体の発達に心配な点のある子どもの保護者を対象にした就学相談説明会がおこなわれます。この会に先立って、自治体の担当者が保護者の希望や子どもの様子を聞いておいてくれる場合もあります。

　就学相談説明会では、この後の就学相談の流れや手続きの説明、特別支援学級、通級指導教室、特別支援学校で、それぞれどのような教育がおこなわれているかについて説明されます。この説明会の開催後、保護者が教育委員会に希望すれば、就学相談を受けることができます。

　就学相談とは、就学相談員＊と保護者が面談して相談をする場です。市区町村の教育関連部局によって開催され、希望者が就学の前年度に受けることができます。就学相談を受ける際は、相談員がより具体的に子どもの状態を把握できるよう、医療機関で受けた子どもの診断書、療育機関での報告書、療育手帳などを持参する必要があります。

　また、第12章で紹介した**相談支援ファイル**や、各園で測定した日常の行動傾向の測定結果などの資料も、子どもにとって最も適切な進学先を検討するための重要な材料となります。この相談がなされている間、心理学の専門家が別室で知能検査などをおこないます。子どもと接しながら心身の発達状態などを測定し、この結果も相談の資料となります。

　その後、就学指導委員会より、どの就学先が子どもにとってよいのかが示された判定通知が届きます。その判定に同意した場合は、就学先の決定となります。同意できない場合は、再検討するため再び就学相談を受けることができます。通常2月頃には入学説明会があり、一日体験入学などもおこなわれます。

＊自治体によって異なりますが、多くの場合、特別支援教育や心理学などの専門家のなかから教育委員会が任命します。

【2】 就学相談の結果と保護者の意思が異なる場合

　就学相談は子どもにとってより適切な就学先を検討するものですが、通常の学級以外の就学先（特別支援学級や特別支援学校）を考えていない保護者もいます。就学先は保護者の意思に基づいて決定できますが、保護者の選択した就学先で、子どもが学習上あるいは行動上の困難さや不適応を起こすと予想される場合があります。園と就学先の学校は、子どもがより安定して学校生活を送れるよう、文書や連絡協議会（前述）などを通じて子どもの情報を共有していきます。

【演習課題】

1. ペアレント・トレーニングプログラムとはどのようなものでしょうか。子どもの保護者に説明することを前提にして、簡単に説明してみましょう。

2. ペアレント・トレーニングで用いる、子どもの不適切な行動の分類（p.197）のイメージトレーニングをしてみましょう。

　実習でかかわった子どもの、あなた（実習生）に対する不適切な行動をひとつ思い起こしてみてください。たとえば、子どもがあなたを呼ぶときに、あなたを叩くように激しく接するといった行動です。このようなとき、あなたが黙って立ち上がり、子どもから離れていこうとすると、この子どもはどのように反応するでしょうか。イメージしてみましょう。

第Ⅴ部 障害のある子どもの保育にかかわる現状と課題

子どもの現在の姿は、これまでの生育歴と、これからの育ちの両方から影響を受けて大きく変わっていきます。第Ⅴ部では、障害のある子どもの発達を支える関連資源の現状と、ライフステージを見通した支援のあり方について学びます。

第15章 障害のある子どもの発達を支える関連資源の現状と課題

▶*Episode 15*◀ 医師のアドバイスを受けながら保育所に通うユウキくん

　ダウン症児のユウキくん（3歳）の両親が、今後の療育について相談しています。母親は、ユウキくんの姉や近所の子どもたちが通っている保育所に行かせたいと考えています。「ユウキが安心して過ごせると思う。それに、周りの子どもから刺激を受けてほしい」。父親は、児童発達支援センターへの通園を提案しています。「保育所もいいけど、ケガとか体調とか大丈夫かな？」。

　そこで両親は、ユウキくんの診察を担当している大学病院の医師に相談したところ、保育所での生活が健康上可能だということでした。ユウキくんは、保育所に障害児枠で通うことになりました。

　ユウキくんは好奇心が旺盛で笑顔も多く、友だちや保育者、園児の保護者からも親しまれています。一方で、移動中に転びやすく、興味をもったものになかなか近づけないことがありました。そんなときはかんしゃくを起こしたり、自分の頭を叩いたりしています。両親はそのような様子について医師に伝えてみました。

　医師からは、「積極的に動きたい気持ちがある一方で、筋力が弱いために歩行が安定しないのでしょう。足の補装具（→p.53）も考えてみましょうか」という話があり、筋肉や関節の発達などを見ながら、補装具の着用について検討していくことになりました。

1. 医療・保健の現状と課題

【1】 医療機関との連携

　ダウン症のような先天性の障害や、身体機能の障害（聴覚障害、視覚障害、肢体不自由など）のある子どもの多くは、生後早い時期から病院で継続的なケアを受けています。このような場合は、医療機関と保護者との間で養育方針が共有されており、信頼関係もできています。

　エピソード15のユウキくんの両親も医師を信頼しており、通園先や園生活について継続的に相談しています。ユウキくんは保育所の生活に意欲的なものの、歩行の困難さから情緒面が不安定になっているため、医師は補装具の使用を提案しました。このように、医療機関では、障害のある子どもの生活に合わせた治療方針の検討や、保護者への助言もおこなっています。

　したがって、保育者は、保護者が医療機関から受けた情報を共有しておく必要があります。また、子どもの発達や保育について、保護者を通じて医療機関に助言を求めることもできます。そのためには、日頃から保護者と信頼関係を築いておくことが重要です。

【2】 発達が気になる子どもと医療機関

　では、発達が気になる子どもや発達障害の子どもの保育において、保育者は保護者や医療機関とどのように連携していけばよいか考えてみましょう。

　第8章でも説明したように、発達障害の特性をもつ子どもは、家庭と園とでは様子が異なることがあります（→p.129）。たとえば、園での集団生活ではじっとしていられないけれども、家庭では落ち着いて過ごせるという子どもがいます。このような子どもの場合、保育者が園での様子を保護者に伝えても、共通認識は難しくなります。

　このような背景から、園での子どもの様子が気になっても、保育者から保護者に発達相談（→p.189）などを勧めにくくなっています。また、発達障害の診断を専門とする児童精神科医や小児神経科医も不足しています。そのため、発達が気になる子どもの保育について、保護者や保育者が医療機関と連携したり、助言を受けたりすることが難しいという現状があります。

　そこで、上記のような場合、保育者は**巡回相談**の機会などを生かして情報を得ています。巡回相談とは、心理士、保健師などに巡回相談員として園を訪問してもらい、保育者や保護者がよりよい保育をしていくための助言を受ける場です。保育者は、巡回相談員に子どもの発達などについて相談をしたり、医療機関の情報を提供してもらうことができます。また、後述する保健センターの保健師などへ相談することで、情報が得られる場合があります。

【3】 保健機関の現状と課題

　第13章で学んだように、障害のある子どもの育ちを支えるさまざまな制度や機関があります。そのような機関のひとつである**保健センター**（→p.188）では乳幼児健診などを実施しており、障害の早期発見という重要な役割を担っています。

　ところが、現在おこなわれている乳幼児健診では、自閉スペクトラム症や学習障害、注意欠如多動症などの発達障害が十分に発見されないという現状があります。たとえば、ある県では、発達障害の早期発見率を高めるために5歳児での健康診査（5歳児健診）を実施しました。このときに発達障害あるいはその傾向があるとされた子どものうち約半数は、3歳の健診時には何も問題を指摘されていなかったのです。

　保育者が、子どもの気になる様子を保護者に伝えようとしても、「乳幼児健診では何も言われなかった」ために情報を共有できないということが少なからずあります。保育者が日々の保育に臨む際、このような現状があることを踏まえておく必要があります。

211

2. 園と専門機関の連携による福祉・教育支援

【1】 個別の支援計画の作成

　障害のある子どもの発達支援は、園だけでおこなわれているわけではありません。教育や福祉、医療や保健機関などが連携をしながら、障害のある子どものより豊かな生活を支えています。このような専門機関の連携を整理し、より効果的な支援ができるように作成する計画が**個別の支援計画**です。

　個別の支援計画は、一生涯にわたるライフステージに合わせてつくります。たとえば、就学前の子どもであれば、「園でどのように過ごしたいか」「就学に向けてどのような力を身につけたいか」「そのために家庭や医療・保健機関などとどのように連携をするか」などが記されます。

　なお、園などでこのような計画が作成される場合は、一般的に「個別の支援計

画」の名称で呼ばれますが、学校などの教育機関が中心となって作成する場合は「個別の教育支援計画」と呼ばれることもあります。

　個別の支援計画は、子どもの支援にかかわる人々がその情報を共有し、一貫性や統一性をもった発達支援ができるように作成するものです。したがって、たとえば園で進級の際に担任が変わったとしても、保育の方針は個別の支援計画に基づいて継続されます。個別の支援計画の作成の進め方と、記載される内容は図15-1に示すとおりです。

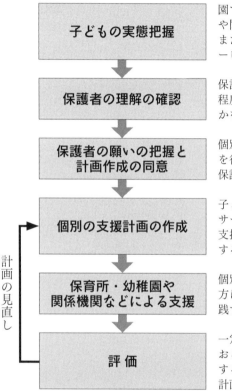

図15-1　就学前の子どもの個別の支援計画

個別の支援計画作成の流れ	具体的な内容
子どもの実態把握	園での様子や生活の困難さなどを、行動観察や聞き取り、評価表などを用いて評価する。また、利用している医療・保健機関や福祉サービス、地域の様子などについて把握する。
保護者の理解の確認	保護者が子どもの様子や生活の困難さにどの程度気づいているか、あるいは理解しているかを確認する。
保護者の願いの把握と計画作成の同意	個別の支援計画の作成について保護者の同意を得る。その上で、子どもの育ちについての保護者の願いを把握する。
個別の支援計画の作成	子どもが利用している医療・保健機関や福祉サービスなどを考慮しながら、就学に向けた支援の方針（どの部分でどの専門機関を利用するかなど）を立てる。
保育所・幼稚園や関係機関などによる支援	個別の支援計画をもとに、園での保育の進め方について「個別の指導計画」を作成し、実践する。
評価	一定期間ごとにケースカンファレンスなどをおこない、計画どおりに進んでいるか評価をする。進んでいない場合には、必要に応じて計画の見直しをおこなう。

計画の見直し

　個別の支援計画の作成にあたっては、保護者の同意が必要だということに注意しましょう。子どもの養育は、保護者が中心となっておこなうものです。したがって、保育者は保護者との信頼関係をしっかり築いた上で、子どもの育ちに対する保護者の思いが計画に反映されるよう配慮することが大切です。

　なお、個別の支援計画に基づいて、園でどのような支援（保育）をおこなうか

212

については、「個別の指導計画」を作成して実施します。個別の指導計画については、第8章で説明していますので、振り返っておきましょう。

【2】 特別支援教育コーディネーター

幼稚園では、障害のある子どもの教育について園全体で話し合うため、「園内委員会」を設置することが求められています。園内委員会は、クラス担任、園長、ほかの教職員、**特別支援教育コーディネーター**などにより構成されます。クラス担任が子どもの保護者から得た情報や相談を共有したり、よりよい保育や教育をおこなうための相談や検討をする場になっています。また、園内委員会を設置することで、クラス担任が子どものことについてひとりで悩んだり、孤立することを防ぐこともできます。

特別支援教育コーディネーターは、次のような役割を担っています。

・園内委員会のような、クラス担任と園内の職員が話し合える場を設定する
・園が、医療機関や相談機関、小学校などの外部機関と連携をとる際の窓口になる（コーディネートをする）

幼稚園では、通常、園長が園内の教員を特別支援教育コーディネーターとして指名します。近年では保育所においても、このようなコーディネーターの役割を担う職員の配置が見られます。

【演習課題】

1. 乳幼児健康診査では、保護者と子どもに対してどのようなことを診査するのでしょうか。調べてまとめてみましょう。また、あなたが住む市区町村では乳幼児健康診査が何歳何か月でおこなわれるのか調べてみましょう。

2. 特別支援教育コーディネーターとはどのような仕事をする人なのか、上記【2】の説明をもとに調べてまとめておきましょう。

213

第16章 支援の場の広がりとつながり

▶*Episode 16-1*◀ 集団保育になじめないコウタくん

　コウタくんは、3歳の4月に幼稚園に入園しました。登園を嫌がり毎日玄関前で大泣きしていましたが、入園当初の子どもにはしばしば見られる様子なので、母親は担任に任せて様子を見ることにしました。

　6月になり、多くの子どもは落ち着き、園で楽しいことを見つけてあそぶようになりました。しかしコウタくんはまだ登園時に大泣きをしています。また、園で過ごしている間は泣いたりひとりごとをつぶやいたりしていて、活動にも参加できていません。昼食もほとんど食べない日が続いています。その様子を心配したコウタくんの両親は担任や園長と相談し、児童相談所で発達相談（→p.189）を受けることにしました。

　発達相談を受けた結果、コウタくんには自閉スペクトラム症（→p.90）の疑いがあることがわかりました。コウタくんの両親はショックを受けましたが、児童相談所の職員や保健センターの保健師、幼稚園の担任などから情報や助言を得て、コウタくんが少しでも気持ちを安定させて生活ができるように考えました。そして、コウタくんは保育所に障害児枠で通うことになりました。

　保育所に通い始めてからは、障害児担当のK先生が、コウタくんが落ち着けるように活動に寄り添ったり、静かな場所で過ごせるように配慮しています。しかし、多くの子どもがいる園内では、コウタくんの気持ちは不安定なままでした。

そこでK先生はコウタくんの母親に、巡回相談（→p.210）への参加を勧めました。この保育所では、月に1回、大学教員が巡回相談員としてさまざまなアドバイスをおこなっています。母親とK先生がコウタくんについて相談すると、相談員からは「コウタくんは、集団のなかでは刺激が多すぎて動くことが不安なのかもしれない」という助言がありました。そして、大学で週に1回実施している個別の療育教室に参加することを勧められました。

1. 発達が気になる子どもの早期支援の例

　第2章で説明したとおり、保育所では障害が中程度までの幼児を障害児枠として受け入れています。また、幼稚園でも特別支援教育の対象児として受け入れる園が増えています。一方でコウタくんのように、保育所や幼稚園などと並行して、より専門的な支援を受けることが発達に効果的だと考えられる場合があります。このような専門的な発達支援のことを、**療育**（→p.21）と呼びます。第13章で説明した**児童発達支援センター**（→p.191）なども療育をおこなう機関（療育機関）です。

　しかし、知的障害や肢体不自由などがある子どもに比べて、発達障害の子どもを対象にした療育機関はいまだ不十分だといえます。発達障害の子どもを対象にした療育は、民間の団体がNPO法人や私塾のようなかたちで実施していることも少なくありません。

　エピソード16-1でコウタくんが勧められた療育機関は、大学が学内に設置している療育教室でした。コウタくんが、この療育教室（以降、センターと記述）で、どのような支援を受けたのか、コウタくんがどのように変わっていったのか、エピソードを追って見ていきましょう。

215

▶*Episode 16-2*◀ コウタくんの気持ちに合わせて声をかけるL先生

　6月のある日、コウタくんと母親は初めてセンターにやってきました。センターは、大学の運動場の近くにある小さな建物です。近くには野原や林があります。

　母親が駐車場に車を停めていると、センターの保育士のL先生が迎えに来てくれました。ところが、コウタくんは車から降りようとしません。母親が車から降りるように言っても、「行かない、行かない」と叫んで動きません。L先生は「お母さん、いいんですよ」と声をかけ、車の横で母親からコウタくんについての話を聞きながら、コウタくんが落ち着くのを待ちました。

　コウタくんが落ち着くと、L先生が話しかけました。「コウタくん、こんにちは。先生、コウタくんが来るのを待ってたよ。保育所のK先生がね、コウタくんは電車が大好きだって言ってたんだ。今日は電車のことを教えてね。これは、何だっけ……」と、新幹線のおもちゃを見せました。するとコウタくんは「あっ、E5系。「はやぶさ」と「はやて」になるんだよ」と答えます。L先生が「そっか。ほかにもいろいろあるんだよ。一緒に見に行こうか?」と声をかけると、コウタくんは「うん」と答えながら車から降りて、センターに入っていきました。

　コウタくんが通い始めたセンターでは、L先生が個別にコウタくんにかかわります。初日のコウタくんは初めての場所に戸惑っていましたが、L先生は、コウタくんの気持ちやペースを大切にして落ち着くのを待ちました。そして、コウタくんの興味や関心がある電車のおもちゃを見せて、コウタくんが自分から周囲の環境とやりとりができるように援助を試みました。

　このように発達が気になる子どもは、集団の保育に入る前の段階として、周囲とかかわる力をていねいに育んでいく必要があります。そのためには、第9章で説明したように、子どもが自発的に周囲とかかわる経験を重ねることが大切なのです。コウタくんは、「大好きな電車のおもちゃがセンターのなかにある」という見通しが立ったので、センターに入っていくことができました。

第Ⅴ部　障害のある子どもの保育にかかわる現状と課題

▶*Episode 16-3*◀ コウタくんの自発性をうながしたL先生

　コウタくんがセンターに通い始めて1か月になります。コウタくんはセンターに来るとすぐにホールに向かい、電車のおもちゃを並べるようになりました。また、L先生が毎回電車の本や図鑑を準備していると、やがてそれらの本にも興味をもつようになりました。

　L先生は、今日もコウタくんと電車のおもちゃであそびながら話をしています。「コウタくん。先生ね、この前、こんな新幹線を見たんだ」と、黄色い新幹線の絵を描き始めました。コウタくんは「ドクターイエロー！」と言い、興味津々で見ています。そこで、L先生は「そうなんだ。じゃあ、コウタくん塗ってくれるかな？」と黄色のクレヨンをコウタくんに差し出しました。

　コウタくんは、周囲に人が少ない静かなところでは、徐々に行動が拡大していく様子が見られました。

　第6章であげたように、自閉スペクトラム症の子どもは、感覚が過敏な場合があります（→p.93）。センターでは、療育の開始にあたって、コウタくんの発達検査や身体感覚の状態の検査をおこないました。その際、コウタくんには聴覚や触覚に特に過敏さがあることがわかりました。つまり、コウタくんは、騒がしいところ（聴覚）や、他者と接する機会があるところ（触覚）では、過敏さのために落ち着いて過ごすことができなかったと考えられます。センターでは、コウタくんが落ち着ける環境があったので、あそびにもじっくりと取り組むことができました。また、あそびを通じて、触ったり考えたりする直接体験（→第9章）が増えることで、できることも増えていきました。

▶*Episode 16-4*◀ コウタくんの直接体験を援助するL先生

　コウタくんがセンターに来るのは、今日で7回目です。L先生はセンターの玄関前でコウタくんを待っています。コウタくんが車から降りてくるとL先生はすぐに近寄って、「コウタくん、今日は先生が線路を敷いておいたよ」と、センター横の野原を指さしました。

　L先生にうながされて、コウタくんが野原にいくと、そこにはおもちゃの線路が敷いてあります。しかし、触覚に過敏さのあるコウタくんは、手や足に草が触れるのを嫌がってなかなか野原に入れません。そこでL先生が声をかけました。「コウタくん、今日はドクターイエローもあるんだよ」。新しい電車のおもちゃに気づいたコウタくんは「わあ！」と声を上げて野原に入っていき、すぐにあそび始めました。

　L先生は、コウタくんの興味や関心がもっと拡がるように、感覚の過敏さに対しての援助を考えました。これまでのやりとりで、コウタくんが電車のおもちゃが好きなことや、特にドクターイエローという新幹線が大好きだということがわかったので、今日はそれを使ってコウタくんに少しがんばってもらおうと思ったのです。そこで、L先生はセンター横の野原におもちゃの線路を敷きました。想定どおり、触覚に過敏さがあるコウタくんは野原に入ることをためらいましたが、L先生はコウタくんに「野原に入ろう」などと直接うながすのではなく、コウタくんの興味の対象があるという見通しを示しました。その結果、コウタくんは触覚の過敏さよりも新しい電車のおもちゃに注意が傾き、自発的にあそび始めることができました。

▶Episode 16-5◀ コウタくんのあそびを拡げるL先生

コウタくんが野原であそぶことに慣れてきたのを見て、L先生は木の枝を拾ってきました。「コウタくん、先生、ここに駅を作るね」と告げると、おもちゃの線路の横で、木の枝を積んだり組み合わせたりし始めました。コウタくんはその様子をじっと見ていましたが、しばらくするとL先生が持ってきた木の枝を同じように重ね始めました。L先生は、その様子を見守りながら、コウタくんがうまくできないところをそっと直しています。木の枝がなくなる頃を見計らって、L先生は言いました。「木がなくなっちゃったね。一緒に拾いに行こうか？」。コウタくんは「うん」と答えると、L先生と一緒に林のなかに入っていきました。

　野原であそぶことに慣れてきたコウタくんを見て、L先生は、さらに周りのことに気がついてかかわれるようになってほしいと考えました。そこで、木の枝を持ってきて、見立てあそびをしてみせたのです。コウタくんはL先生の様子を見ていましたが、しばらくするとまねをしました。これは、あそびの発達でいうと、傍観的行動から並行あそびへ移行する段階だといえます（→p.32）。このようにあそびが移る過程では、ひとりでじっくりとあそびこむ、ひとりあそびの時期を満たすことが必要です（→p.32）。コウタくんは、集団の保育のなかではひとりあそびの経験を満たすことが難しかったのですが、療育を通じてその経験を満たしたこと、そしてそれを見守ってくれるL先生がいたことで、外界とのかかわりが徐々に拡がっていったのです。

　コウタくんはこの後、L先生と一緒に木の枝や葉っぱなどを使っていろいろなものを作ったり、見立てあそびをしたりする姿が見られました。さらに、コウタくんは林の中の不整地（でこぼこ道）を歩いたり斜面を上り下りしたりするなかで、バランスをとること（→p.83／前庭感覚）や力のコントロール（→p.83／固有受容覚）などを経験し、これらの力も向上していったのです。

コウタくんに限らず、集団生活が苦手な子どもは、自分自身の身体や気持ちをうまくコントロールする力や、外界とかかわる力が育っていないことがあります。したがって、保育者は子どもの状況をよく見ながら、療育の場を利用して集団生活の基盤をつくっていくことも必要です。

前述したとおり、このような早期支援（療育）の場は整備の途上にあり、情報も十分とはいえません。このような療育の場の情報は、実際に利用している保護者や保健機関などから得られることもありますので、保育者は日頃から保護者や外部の機関などと連携するなかで情報を得ておくことが大切です。

2. ライフステージを見通した支援

本章のエピソードに登場したコウタくんは、療育の場での経験を通じて、徐々に外界との関係を築いていくことができそうです。コウタくんの場合は、外界とのかかわりを通じて、より自立的な力を育むということが保育（療育）のねらいでした。

では、重度の知的障害や肢体不自由などのために外界とのかかわりが拡がりにくい子の場合は、どのような力を育てることがねらいになるでしょうか。

たとえば、障害が重いために、自分で着替えることが難しい5歳の子どもがいたとしましょう。毎日1時間かけて自分で着替える練習をして過ごすこともできますが、同じ1時間でも、大人が手伝って10分で着替えて、残りの50分は自分の好きなことをしたり友だちとあそんだりすることもできるでしょう。どちらがその子どもにとってよいのでしょうか。

もちろん、より自立した生活を送るためには、幼少期からADL（→p.37）を自分でできるように練習をする必要があります。しかし、別の見方をすれば、他者に補助を依頼する力を育むことで、より生活の幅が拡がるとも考えられます。ここで知っておきたいことばが、QOLです。QOLとは、Quality of Life の略で、和訳すると「生活の質」です。QOLは障害のある子どもや家族の考え方によって変わりますが、保育者は、障害のある子どもだけでなく、その家族もQOLの高い生活ができるように助言をおこなうことが大切です*。

障害の状態や重さによって、将来の見通しは変わってきます。障害のある就学

前の子どもをもつ保護者と保育者にとっては、まず子どもの就学先が現実的な見通しになります。障害のある子どもの多くには、就学先の選択肢として通常学級、特別支援学級、特別支援学校があります。通常学級では、地域の同年代の子どもと一緒に活動します。そのため多くの刺激的な経験ができますが、一定程度の日常生活の自立が求められることがあります。場合によっては、本章のエピソードのコウタくんのように、集団のなかでは経験を重ねにくいかもしれません。

一方、特別支援学校は、日常生活の自立をはじめ、個人の力を伸ばすためには充実した教育環境が調っています。ただし、地域の子どもと交流する機会は少なくなるという面もあります。

保育者には、保護者とともに子どもの将来像を見通し、それに向けて今必要な保育や援助を計画しおこなう力が求められます。そして、本章で解説した早期支援の場などとの連携を通じて、子どもがより高いQOLを得られるよう、保育ができるようにしたいものです。

保育者は、これから育つ可能性を大いにもった子どもの発達の基盤をつくるという、重要な役割をもっています。このことを常に心に留めておいてください。

【演習課題】

1. 障害児を対象として民間の団体がおこなう発達支援活動にはどのようなものがあるでしょうか。あなたが住む市区町村を中心に調べてみましょう。
2. エピソードでは、コウタくんの活動が次々と拡がっていく姿がありました。L先生のどのような援助がコウタくんの活動を拡げたのでしょうか。整理してまとめてみましょう。

＊「保育相談支援」などの学習で、詳細を理解しておきましょう。

●参考文献

第1章

世界保健機関／障害者福祉研究会編（2002）『ICF 国際生活機能分類—国際障害分類改
　定版』中央法規出版

第2章

遠城寺宗徳（2009）『遠城寺式・乳幼児分析的発達検査法—九州大学小児科改訂新装
　版』慶應義塾大学出版会

第3章

American Psychiatric Association 編／日本精神神経学会日本語版用語監修／髙橋三郎・
　大野　裕監訳／染矢俊幸・神庭重信・尾崎紀夫・三村　將・村井俊哉訳（2014）『DSM-
　5 精神疾患の診断・統計マニュアル』医学書院

第4章

石田全代（2001）「視覚障害児の保育—私の幼稚園時代の体験を通して」『保育実践研
　究』2、31-40

大島一良（1971）「重症心身障害の基本的問題」『公衆衛生』35（11）、648-655

菊池良和（2014）「歴史的事実を踏まえた吃音の正しい理解と支援」『小児耳鼻咽喉科』
　35（3）、232-236

厚生労働省（2021）「「医療的ケア児及びその家族に対する支援に関する法律」について」

近藤直子・白石正久・中村尚子編（2013）『保育者のためのテキスト障害児保育』全国
　障害者問題研究会出版部

菅原伸康編著（2011）『特別支援教育を学ぶ人へ—教育者の地平』ミネルヴァ書房

高田　哲・中井　靖（2010）「聴覚スクリーニング」『周産期医学』編集委員会編『周産期
　診療指針2010』（『周産期医学』40増刊）、989-992

高田　哲・御牧信義・三科　潤・福島邦博・菅原仙子・南村洋子・中井　靖・庄司和史・下
　垣佳代子（2010）『赤ちゃん、聴こえているかな？—新生児聴覚スクリーニング：支
　援者のためのガイドブック』厚生労働省科学研究（子ども家庭総合研究事業）研究班

藤永　保監修／阿部五月・大熊光穂・小泉左江子・田中規子・村田カズ（2012）『障害児
　保育—子どもとともに成長する保育者を目指して』萌文書林

若井淳二・水野　薫・酒井幸子（2006）『幼稚園・保育所の先生のための障害児保育テキ
　スト』教育出版

Cunningham, C. F., McHolm, A., Boyle, M. H. & Patel, S. (2004) Behavioral and
　emotional adjustment, family functioning, academic performance, and social
　relationships in children with selective mutism. Journal of child psychology and
　psychiatry, and allied disciplines, 45, 1363-1372.

第5章

前田泰弘（2011）「保育園における幼児の気になる行動と身体感覚の偏倚の関連性」『東
　北福祉大学研究紀要』35、147-155

前田泰弘（2015）「保育者が気になる幼児の行動と身体感覚の育ちとの関連性」『和洋
　女子大学紀要』55、119-126

前田泰弘・小笠原明子（2015）「幼児の気になる行動と身体感覚の偏りとの関連」『保育文化研究』1、27-37

第6章
前掲『DSM-5 精神疾患の診断・統計マニュアル』

第7章
小野 博（1994）『バイリンガルの科学—どうすればなれるのか？』講談社
中島和子（2016）『完全改訂版 バイリンガル教育の方法—12歳までに親と教師ができること』アルク

第12章
立元 真・福島裕子・松原耕平（2010）「幼児期の子どもを持つ母親への配偶者の心理的サポートが育児と子どもの問題行動に及ぼす影響」『宮崎大学教育文化学部附属教育実践総合センター研究紀要』18、1-10

第14章
立元 真・齊田聖美・福島裕子ほか（2015）「幼保小連携のためのペアレント・トレーニングプログラムの実践」『日本教育大学協会研究年報』33、317-327
立元 真・福島裕子・古川望子（2015）「宮崎における幼児を対象としたペアレント・トレーニングの展開—ペアレント・トレーナー養成という実践のありよう」『臨床発達心理実践研究』10（1）、46-52
立元 真・古川望子・福島裕子・永友絵理（2011）「保育者の養育スキル研修が幼児の行動に及ぼした効果」『宮崎大学教育文化学部紀要—教育科学』24、1-10
福島裕子・立元 真・古川望子・齊田聖美・椎葉恵美子（2013）「幼稚園教諭自身によるペアレント・トレーニングの実践—どのような母親に効果が見られたのか」『宮崎大学教育文化学部紀要—教育科学』28、61-72
福島裕子・立元 真・古川望子・齊田聖美・椎葉恵美子（2013）「幼稚園教諭自身によるペアレント・トレーニングの実践（2）—どのような子どもに効果が見られたのか」『宮崎大学教育文化学部紀要—教育科学』28、73-81

第15章
前田泰弘・松田美彰（2013）「継続的な巡回相談を利用した保育の実際」『発達』34（136）、73-77

第16章
小笠原明子・立元 真・前田泰弘（2015）「野外保育における発達の気になる幼児の行動拡大への保育士のかかわりの効果」『宮崎大学教育文化学部紀要—教育科学』32、81-90
小笠原明子・前田泰弘（2009）「野外保育による幼児の「育ち」の支援」『保育学研究』47（2）、17-27

<<<<<<<<<<<<<<<<<<<<<<<<<<<<<<<< **編著者** >>>>>>>>>>>>>>>>>>>>>>>>>>>>>>

前田泰弘（まえだ やすひろ）［担当章：1〜3、5〜7、11、13、15、16］
長野県立大学健康発達学部こども学科教授／博士（教育学）／臨床発達心理士
主著・論文：『親から頼りにされる保育者の子育ち支援』（黎明書房、2012、共著）、
「身体感覚の改善を基盤とした発達が気になる幼児の「育ち」の支援」（乳幼児教育学研究、2009、共著）ほか
東北大学大学院教育学研究科を修了後、東北福祉大学准教授、ラハティ応用科学大学（フィンランド共和国）客員研究員、和洋女子大学教授を経て、現職。保育所への継続的な巡回相談や、野外環境を利用した幼児の身体感覚の向上の実践・研究をしている。保育者養成課程では「特別支援教育論」「保育内容 環境」「こどもと自然」などを担当。

<<<<<<<<<<<<<<<<<<<<<<<<<<<<<<< **著者（執筆順）** >>>>>>>>>>>>>>>>>>>>>>>>>>>>>

中井 靖（なかい やすし）［担当章：4］
京都女子大学発達教育学部心理学科教授／博士（保健学）／公認心理師・臨床心理士
主著・論文：「Detecting Abnormal Voice Prosody through Single Word Utterances in Children with ASD: Machine-Learning-Based Voice Analysis versus Speech Therapists」（Perceptual and Motor Skills、2017、共著）、「Speech Intonation in Children with Autism Spectrum Disorder」（Brain & Development、2014、共著）ほか
療育センター等での発達検査や発達相談を通して、発達が気になるこどもや障害のあるこども、その家族への支援に取り組む。研究テーマは、発達支援における知能・発達検査の活用、自閉スペクトラム症児の音声解析など。

小笠原明子（おがさわら あきこ）［担当章：8〜10］
長野県立大学健康発達学部こども学科准教授／修士（教育学）／保育士
主著・論文：「野外保育による幼児の「育ち」の支援」（保育学研究、2009、共著）ほか
保育士として野外保育の実践に長年携わった経験を生かし、発達の気になる幼児の保育実践・研究をおこなっている。最近の研究テーマは、野外保育を通じた発達の気になる幼児の行動拡大とそれへの保育士のかかわりなど。

立元 真（たつもと しん）［担当章：12、14］
宮崎大学大学院教育学研究科教授／教育学修士／公認心理師・臨床発達心理士スーパーバイザー・学校心理士
主著・論文：「周産母子センター・小児科より紹介された子どもへの個別ペアレント・トレーニング―予備的な無作為比較試験」（行動療法研究、2015、共著）ほか
子どもの発達支援における予防的介入として、ペアレント・トレーニングおよび保育者トレーニングのプログラム開発・実践を続けている。

事例協力：宮崎大学教育学部附属幼稚園ほか

イラスト：藤原ヒロコ
デザイン・DTP：滝澤ヒロシ（四幻社）

実践に生かす 障害児保育・特別支援教育

2019年3月1日　初版第1刷発行
2023年4月1日　初版第4刷発行
2024年1月25日　第2版第1刷発行

編著者　　前田泰弘

発行者　　服部直人

発行所　　株式会社 萌文書林

　　　　　113-0021　東京都文京区本駒込6-15-11

　　　　　TEL 03-3943-0576　FAX 03-3943-0567

　　　　　https://www.houbun.com

　　　　　info@houbun.com

印刷・製本　中央精版印刷株式会社

©Yasuhiro Maeda 2019, Printed in Japan　　ISBN 978-4-89347-421-6 C3037